Bibliothèque de Vh: de Jouyhe

LA
DEVOTE
ET SOLEMNELLE
PROCESSION,

Quy se faict en la VILLE de
VALENCIENNE,
Le huictiesme iour de Septembre.

Auec les Vies, les Festes, & la maniere d'hō-
norer les Saincts, les Reliques desquels se
retrouuent és Eglises de la Ville, ou certes
sont apportées de dehors, pour decorer la-
dite Procession.

A VALENCIENNE,

De l'Imprimerie de Iean Vervliet,
à la Bible d'or. 1614.

A LA VILLE DE
VALENCIENNE

SONNET.

Le Vaincqueur des Gaulois le pourtraict de courage
Voguant vn iour en mer se leuerent des flots,
Qui choquerent si roid sa nef, que les Pilots
Ne pouuants plus porter la fureur de l'orage,
    Commencerent de craindre vn mal-heureux
      naufrage,
L'Empereur ouyt bien les douloreux sanglots
Qui battoyent les cœurs des tristes Matelots,
Mais il ne changea point pour cela de courage.
    Voir' se roidissant plus au plus fort du hazar,
Ne craignez rien (dit il) car vous portez Cesar.
O qu'on dira de toy a bon-droit, VALENCIENNE:
    Mocque toy desormais des furieux efforts
Que font tes ennemys, pourueu qu'il te souuienne
D'honnorer Nostre Dame, & des Saincts les saincts
    Corps.

A MESSEIGNEVRS

MESSIEVRS

LESPREVOSTS

ESCHEVINS

ET CONSEILS DE LA
Ville de Valencienne.

IEAN VERVLIET IMPR. S.

MESSIEVRS,

PENSANT a par moy à quoy ie pourrois estrenner ma Presse, faire iouër mes Characteres, & confacrer le premier fruit de mon Imprimerie, ie n'ay sceu trouuer meilleur fujet que de mettre au iour tous les Threfors de voftre Ville, & vous re-

A 2   mettre.

mettre en memoire le signalé benefice, que
fit vn iour il y a ores longues Années a la
Ville de Valencienne la Glorieuse Mere
tousiours Vierge Marie, encor que vostre
Procession si belle & si deuote que vous faites tous les ans, le huictiesme de Septembre,
le iour de sa Saincte Natiuité vous en face
assez souuenir. Ie fus esmeu à ce faire, bien
peu apres que i'apperceus le bel accueil dont
vous receutes les nobles gages enuoyés de
Rome le 21. de Septembre 1613. Ie dis les
Sacrées Reliques de S. SEVERIN & de
son Compaignon Martyrs. La rayson le
vouloit ainsy, qu'eussiez accueilly ces Hostes
Celestes auec toute magnificence, aussy la
Ville en a receu de l'honneur, & tout le mo-
de beaucoup d'edification. Suyuant qvoy, iay
voulu mettre deuant vos yeux d'aultres qui
desirent aussy d'estre vos Protecteurs, lesquels vous faites marcher en vostre Procession, & d'aultres encor qui tiennent bon
pour la Ville auec S. VICTOR, & S. SE-
VERIN, & veulent estre fidels Bourgeois
de Valencienne. Esperant que le bon Dieu,
la Vierge Mere, & ces Bienheureux, à qui
iay

iay dedié ma Presse, seconderont mes des-
seins, à ce que tout sorte à leur plus grande
gloire & honneur, au contentement de vos
Seigneuries, & au proufit, bonne heure, &
aduancement spirituel de toute la Ville.

Vostre tres-humble seruiteur
IEAN VERVLIET,
Imprimeur.

SOMMAIRE DV LIVRE
Contenant quatre parties,

La Premiere.

LA deuote & folemnelle Proceffion, qui fe faict en la Ville de Valencienne le huictiefme iour de Septembre.

La Deuxiefme.

Les Sainctes Reliques qu'on apporte de dehors la Ville , pour decorer ladite Proceffion.

La Troyfiefme.

Les Reliques des Saincts qui fe
retrouuent , & font honnorées es
Eglifes de la Ville.

La Quatriefme.

Pluffieurs beaux Exercices, par
lefquels on peut honnorer les Reliques des Saincts,

La

LA
PREMIERE
PARTIE.

La deuote & solemnelle Procession de Valencienne.

AVANT-PROPOS.

ALENCIENNE à esté tant addonnée à la Religió, & si riche en pieté, que si nous mettons au jeu les Maisons pieuses qu'elle à esleué & entretiét encore pour l'heure, nous dirons qu'elle ayt voulu surpasser toutes les Villes de son Païs. L'Abbaye de S. Ian, la Preuosté de l'Abbaye d'Hasnon, le College des Chanoines de la Salle, les cincq autres Paroiches de la Ville, les deux maisons de S. Dominique, celle des Carmes & de S. François, & depuis quelques années le College de la Compagnie de IESVS & le Conuent des Capucins en donnent preuue suffisante, sans oublier le

A 4   Begui-.

Beguinage, l'Hoſtel Dieu, les Orphelins & Or-
phelines, les Chartriers, les pauures de S. Iacques, l'Aumoſne generale, le grand & petit pain
auec le ſurcroit de l'Hoſtellerie : auſſi le bon
Dieu en contrechange, pour monſtrer ſon
affection, luy a fait par pluſieurs fois part de ſes
benedictions, comme nous l'experimentons
tous les iours, & le voyons deuant nos yeux. Entre autres le plus ſignalé trait de ceſte affection
eſt ceſtuy dont voicy l'Hiſtoire.

L'an de noſtre Seigneur Iesvs-Christ
mille & huict, la pauure ville de Valencienne
que nous voyons ores ſi floriſſante, eſtoit vexée
d'vne terrible peſtilence, qui nous trainoit preſ-
que tous au tombeau, car en peu de iours elle
en tua iuſqu'a ſept à huict milles perſonnes, &
la contagion euſſe empieté de plus en plus, ſi la
bonne Mere, la Mere des viuans eſmeuë de cô-
paſſion, ſollicitée par les prieres d'vn certain
Hermite, ne l'euſſe bien toſt ſecouruë.

Il y auoit au village de Pont, vne demy-lieuë
diſtant de Valencienne vn deuot & Sainct Hermite qui viuoit ſolitairement en vne cabanne
ou logette, pres la Chapelle de noſtre Dame de
la Fontaine, que nous appellons ores Fontenel-
le, lequel prioit Dieu, & ſa benoite mere la Vierge Marie, à ce qu'il leur pleuſt regarder la
ville de Valencienne affligée de la ſorte d'vn
œil de pieté & de miſericorde, & fit tant par ſon
oppor-

ōpportune importunité , & conſtante priere, qu'il merita d'eſtre exaucé.

LA glorieuſe Vierge s'apparut au ſainct perſonnage , & luy reuela que ſa priere luy auoit eſté aggreable , & que pour la charité dont il auoit eſté pouſſé vers les habitans de Valencienne, l'infectiō ſeroit de bref bannie.Et pour mettre à chef ſa promeſſe ſi ioyeuſe, elle manda & commanda par ledit Heremite, que tous les Bourgeois de la ville le 7.iour deSeptembre ieuſnaſſent & s'addōnaſſent a l'orayſon,que de nuict elle feroit choſe grande, & vn coup merueilleux de la puiſſante main du Treſ-hault.

LA meſme nuict , lors que la pluſpart des Bourgois veilloit & prioit ſur les ramparts , on apperceut la Royne des Cieux , reueſtuë de ſes beaux accouſtrements de gloire, accōpagnée d'vn bon nombre des Bienheureux , qui tournoyoit la Ville , & l'enuironnoit d'vn filet a la veuë des ſentinelles,du Magiſtrat,& d'vn mōde de peuple , qui a la ſemonce d'vne clarté extraordinaire vindrent voir ce beau ſpectacle.

CE fut alors que la bonne Dame s'apparut derechef au S. Hermite , & luy commanda de faire continuer la deuotion tout le lendemain, aſçauoir le 8. de Septembre,auquel iour l'Egliſe faict la Feſte de la Saincte Natiuité de ceſte leur Bienfaictrice, & qu'on fiſt vne Proceſſion tout allentour de la Ville, ſuyuant la piſte du filet &

A 5 du

du cordeau , & qu'auſſy toſt toute l'infection ceſſeroit.

Le deuot Heremite apporta volontiers ces ioyeuſes nouuelles , & le deſir que tous auoient de ſe voir affrāchis de tant deſaſtreuſe maladie, leur fit augmenter le courage & la deuotion. Car le lendemain tout le Clergé , Meſſieurs du Magiſtrat, & les habitans firent vne belle Proceſſion , & recueillirent ce celeſte Filet , qu'ils ont touſiours gardé en memoire d'vn benefice tant inopiné , & a l'honneur de la Mere de miſericorde leur ſinguliere Patroneſſe.

En action de grace on ordonna que de-la en apres le 8. de Septembre,l'on continueroit tous les ans la Proceſſiõ, & qu'on ſeroit ce beau tour de la Ville, long de deux lieues,rayé par le cordeau, crayonné par la Vierge Mere , qui dure encor iuſqu'a preſent , & le font par milles & milles perſonnes auec vne deuotion, & ſilence nompareil.

En la meſme année que deſſus , fut enſerré le Filet auec pluſieurs belles reliques , en vne Fiertre richement faicte , & la Confrerie des Royez inſtituée , leſquels ſont ainſy appellez poürce qu'ils portent larges royes ſur leurs robes,en memoire du Filet & cordeau dõt la ville fut enuironnée.Ceux-icy ont couſtume de porter ladite Fiertre a beaux piedz nuds en la Proceſſion , & par honneur ce iour la diſnent és
Halles

Halles des Messieurs,& font là leur assemblée.

LES vers gravez sur ladicte Fiertre,ressentans leur antiquité font sommairement mentió de ce que dessus,comme vous pouuez voir.

En l'An mille & huict en Septembre
Fut faict ainsy que m'en ramembre,
D'vn Hermite incitation,
Qu'on fist vne Procession,
Le iour de la Natiuité
De la Mere de Verité,
Pource qu'alors la pestilence,
Regnoit en tref-grande affluence,
En Valencienne bonne Ville,
Laquelle estoit chose tref-vile,
Pour l'ire de Dieu appaiser
Et pour sa Mere auctoriser,
Des Confreres s'y font trouué
Vingt & six par Fraternité,
A tousiours sans eux desroyez
Confreres nommez des Royez.

ET pour faire plus d'honneur a la Mere de Dieu, & nourir és cœurs des Valencenois la memoire & recognoissance des graces qu'ils ont lors receu de sa liberale main, on apporte de tous costez des Reliques des Saincts, qui enchassées en or & argent, qui reuetuées de fine broderie.

De

De la Ville de Condé.

S. Wasnon Euesque & Confesseur.

De l'Abbaye de Crespin.

S. Landelin premier Abbé & Confesseur.

S. Adelin Confesseur.

S. Domitian Hermite Confesseur.

S. Aibert Religieux & Confesseur.

De l'Abbaye d'Hasnon.

S. Marcellin Prestre & Martyr.

S. Piere Diacre & Martyr.

De la Prieuré de Sainct Sauue.

S. Sauue Euesque & Martyr.

S. Superie son Compaignon Martyr.

De la Preuosté de Hassres.

S. Hugues Euesque & Confesseur.

S. Achaire Abbé & Confesseur.

De la Saincte vraye Croix.

De l'Abbaye de Denain.

S. Aldebert Confesseur.

S. Royne son Espouze.

S. Refroy Vierge, leur Fille.

Des onze mille Vierges.

De l'Abbaye de Vicogne.

S. Sebastien Martyr.

S. Blayse Euesque & Martyr.

De Sebourg.

S. Druon Confesseur.

OVTRE ceux les Reliques desquels sont dãs la Ville en grand nombre, comme faict foy

vne

vne seule Fiertre des Damoiseaux, autrement dite de nostre Dame de miracle, car l'an de grace 1310. le propre iour de la Procession de la Ville, ont esté enserrées plus de quarante sortes bien approuuées, & ce par les mains de Pierre Mire-poix, Euesque de Cambray, & de Bernard ...... Euesque d'Arras, en presence de plusieurs Abbés & Prelats, comme aussi de Guilleaume le Bon Comte de Haynaut & Hollande, auec ses deux Freres, Messire Walerand de Luxembourg Seigneur de Ligny, & Messire Ian de Beaumont. Item encore en presence de Madame Ienne de Valois la Comtesse, Madame de Luxembourg Fondatresse de l'Abbaye de Beaumont en Valencienne, & Madame dite d'Arthois la Sœur germaine du susdit Comte, dont voicy la liste des plus signalées, comme il est couché es Bulles gardées en l'Archiue de ladite Confrerie.

Des Os de SS. Innocens Martyrs.

De Saincte Anne Mere de la Vierge M A R I E.

De S. Antoine Ermite & Confesseur.

De S. Gregoire le Grand, Pape & Docteur de l'Eglise.

De S. Adrien Martyr.

De S. Victor Martyr.

De S. Rictrude premier Abbesse de Marcênes.

De S. Leonard Confesseur.

De S. Amé Euesque & Confesseur.

De

De S. Maurice, & des ſes Compagnõs Martyrs.

Des SS. Thebeens Martyrs.

De S. Honnoré Martyr.

De S. Eugene Eueſque & Confeſſeur.

De S. Piere Apoſtre.

De S. Achaire Abbé & Confeſſeur.

De S. Martin Eueſque & Confeſſeur.

De S. Agathe Vierge & Martyr.

De S. Eloy Eueſque & Confeſſeur.

De S. Ioſeph d'Arimathie Confeſſeur.

De S. Sabine Vierge & Martyr.

Des onze mille Vierges Martyrs.

De S. Eſtienne premier Martyr.

De S. Chriſtofle Martyr.

Du veſtement de la Vierge MARIE.

Du voile de S. Gertrude Vierge.

De la Chaſuble de S. Blayſe, & de S. Saue, tous
    deux Eueſques & Martyrs.

De l'huyle de S. Demetrie Martyr.

Des cheueux de S. Marie Magdalene.

De la Barbe de S. Machaire Abbé.

Et pluſieurs autres encor, les noms deſquels
ſont eſcrit au Liure de Vie.

Ces meſmes Reliques ont eſté viſitées l'An
1492 és Octaues de la Viſitation de noſtre Dame, par le Reuerend Pere en Dieu Damp Eſtié-
ne du Ploik Abbé d'Haſnon, apres la Meſſe ſolemnelle, en preſence de Monſieur de S. Ian en
Valencienne, & des nobles Dames de Mingo-
                                            ual

ual & Famars, comme aussi de plusieurs nota-
bles Bourgeois, nommémēt des Confreres Damoyseaux.

Ie ne puis passer soub silence la Saincte vraye
Croix, placée en la mesme Eglise de nostre Dame, auec vne belle Espine de la Couronne du
benoit Sauueur enchassée à l'honneur, & sup-
portée par des Anges faits en argent, laquelle
appartient à la Confrerie de S. Eloy : dressée au
mesme temps que celle des Damoyseaux, &
continuée heureusement iusqu'icy, soub l'enseigne de la Saincte Croix & la noble Espine.
Nous trouuós dans les Pancharts de ladicte Cō-
frerie, que Henry de Berghes Euesque de Cambray, fit desserer vne vielle quaisse, pour enle-
uer ces deux ioyaux, & que les ayant premierement montré au peuple, il les enserra dans le-
dict Reliquiaire faict à propos. En tesmoignage
de quoy, & en faueur de la Confrerie, conceda à
tous Fidels Chrestiens contrits & confessez,
quarante iours des pardons, lors qu'ils visitent
la Chapelle, & y contribuēt de leurs moyens,
& cecy trois fois tous les ans, asçauoir les deux
Festes de S. Eloy, qui sont le 25. de Iuin, & le
premier de Decembre, & puis le 3. de Iuillet, le
iour de ceste trāslation. Cóme il est deduit plus
au loing en la lettre seellée du seel Episcopal.
Soubsigné Estienne du Ploik Abbé de Hainô,
item aussy Quinon, & de Sars, Notaires mandez

à ces

à ces fins, l'an & iour que deſſus.

Tout cecy donne grand luſtre à la Proceſſion,
ſoit qu'on les contemple ſur les eſpaules marcher en ordre,ſoit és mains des Eccleſiaſtiques,
ſoit dans l'Egliſe de noſtre Dame , ou elles ſont
honnoreés les neuf iours entiers, auec force lu-
minaires,& d'vn concours de peuple infiny.

L'on fait le debuoir d'vne part & d'autre,ceux
icy à les apporter, & ceux de la Ville à les receuoir auec toute deuotion . On y va au deuant à
Croix & Gonfanons,les clairons & haubois dō-
nent , & on les introniſent auec vn bel ordre
dans le Choeur de noſtre Dame la grande , ou
eſt leur Repoſe-vous,& leur lict d'honneur.

La veille de la Proceſſiō,ſur le tard,pluſieurs
bonnes perſonnes les viennent viſiter,leur dō-
ner le bon-ſoir,demander la benedictiō, & vne
heureuſe entrée de la Dedicace . Auſſy experi-
mentōs nous, qu'ils payent touſiours leur bien-
venuë,communiquant dez alors à toute là Ville vne ioye grandiſſime.

Le iour eſtant venu, tous s'appreſtent à quy
mieux,mieux à faire la feſte,on oyt la Meſſe de
bon matin,craignant d'eſtre ſurpris , & ſe mettre en hazard d'offenſer Dieu mortellement.
Toute la Ville retentit de tambours,trompettes
& clairōs,& ny à ſi petit Artiſan, qui ne veuille
monſtrer cōme il ayme la V.MARIE, ſa bonne
Mere, & commune Patroneſſe des Valēcenois.

Enuiron

Enuiron les huict heures on chante la grãd'
Meſſe, grande en Muſique, grande en concours,
grande en deuotion, d'vne ſi rare harmonie,
que vous diriez es orgues, flutes, haubois & autres inſtruments y auoir de l'animoſité. Toute la
voute retentit par les choeurs muſicaux, & r'enuoye les accords par les carolles & curritoires
de ceſte vaſte Egliſe. En apres on fait marcher
la Proceſſion a guyſe d'vne armée bien ordon-
neé, l'Enfanterie compoſée de plus de quarante
meſtiers fait la pointe, outre les quatre principaux qui ſont les Sayeteurs, Bourachiers, Tiſſe-
rans & Murqueniers. Les Sermens trois en
nombre, aſçauoir les Arbaleſtriers, Archiers,
& Canonniers, comme auſſy les Ioueurs d'armes, auec les Confreres de Bon-vouloir, donnent la carriere, & font que tout marche en ordre, r'enforçant çà & là dextrement les gardes.
Les quatres Ordres des Religions, aſçauoir les
Peres Capucins, Recollects, Carmes & Domini-
cains, ſoub l'Eſtandart de la Croix ſeruent d'a-
uant-garde. Les Reliques des Saincts auec les
Confreres font le gros de la bataille, talonnées
du Clergé, & d'aucuns venerables Prelats reueſtus en Pontifical. Meſſieurs du Magiſtrat auec
leur ſuite tiennent l'Arriere-garde, & en tel
equipage on s'en va rendre hors la porte Cam-
briſiéne, ou l'on ſeiourne ſi long temps que les
Cõfreres des Royez preuenus d'vne bonne Cõ-

B   paignie

pagnie des Cauailliers, ordonnez à courir les champs, frayer les voyes, & deſcourir les embuſcades; ayent tournoye la Ville, portans a pieds nuds la Fiertre du Cordon. Et pour dés'e-nuyer le peuple, on fait le Sermon ſoub la tente ou pauillon dreſſé a ceſt effect, craingnant l'in-iure ou l'inconſtance du temps.

On porte de couſtume deuant dadite Fiertre vn bel Ange, qui ſemble recueillir le Filet, & en faire vn pelotton, ſelon que porte la tradition, deriuée de mains en mains. Or on n'a pas ſi toſt apperceu ceſt Ange retourner du tour, que tous incontinēt prennent leur ordre, & rebrouſſent chemin, par le marché, la braderie, & le cha-ſteau S. Ian, iuſqu'a l'Egliſe de la Compagnie de IESVS, puis de droit fil ſe vont rendre en l'E-gliſe de noſtre Dame la grande.

C'eſt là & lors qu'on entonne le *Salue Regina* en action de grace, pour le beau temps, le bon ſuccez, bonne fin, & concluſion de la Pro-ceſſion.

Ceſte ſolemnité entretient, l'eſpace de neuf iours, la deuotion, & tient en haleine toute la Ville: Car il ny a filz ou fille de bonne Mere, qui ne vienne quelque-fois ſaluër les Sainctes Reliques, & a la foule toucher les Fiertres auec le Chapelet, pain, ou mouchoirs pour le ſoulas des malades. Tous les iours de bon matin, par milles perſonnes, vont là faire leur deuotion:

quel-

quelques vns fe contentent d'ouyr la Meffe, ou
faire leurs prieres, d'autres font outre ce le cir-
cuit de la Proceffion, auec toute modeftie, qui à
pieds nuds, qui encor en chemife, baifottans le
Chapelet,& le roulans a la main, recitans la Litanie, ou certes meditans la gloire & la ioye
eternelle, dont iouyffent les Bien-heureux en la
dedicace de la celefte Hierufalem.

Les neuf iours expirez, on remporte les fa-
crés depofts en leurs mayfons, auec action de
grace & milles grand-mercis, pour les benedictions qu'ils ont eslargis à leur fidelle hoftef-
fe, non moins que fit iadis l'Arche d'alliance
a la maifon d'Obed-Edom, foub efpoir de les
reuoir encores, comme de faict ils retournent
chafque année, en figne qu'ils y ont trouué du
plaifir & bon accueil.

La deuotion du peuple Valencenois à efmeu
plufieurs Euefques & Archeuefques, iufqu'au
nôbre de quinze, de côferer grandes Indulgé-
ces & pardons, à ceux & celles qui s'efforce-
roient d'hônorer le Seigneur Dieu en fa Mere,
comme tefmoigne la Bulle donnée en Auignô,
le 10 iour du mois de Iuin l'an 1335. Eftant
Pape de Rome Benoift 12 de ce nom, la premiere année de fon Pontificat, laquelle ie cou-
cheray tout au loing, & la feray parler François
pour la confolation du deuot Lecteur.

VNIVERSIS SANCTÆ
MATRIS ECCLESIÆ FILIIS,
ad quos præſentes litteræ peruenerint.

NOS miſeratione diuina Guilielmus Antibarenſis Archiepiſ-
copus, Bartholomeus Clofenſis,
Salmannus Wormatien. Ioannes Clouen. Guilielmus Tauri-
ſien. Petrus Montiſmaran. Galganus Ale-
rien. Bonifacius Corbanien. Alamannus
Suauen. Nicolaus Scarpaten. Ioannes Tere-
alben. Philippus Salonen. Paulus Alatrin.
Bernardus Diagorgan. & GaZias Feltren.
Epiſcopi, ſalutem in Domino ſempiternam.
Serena Virgo Mater plena delicijs, dulcis
Dei Genetrix Saluatoris, humanarum lau-
dum præconijs dignè meruit venerari, quæ
Solem iuſtitiæ Dominum noſtrum Ieſum
Chriſtum mūdo edidit Saluatorem, de cuius
vberum dulcedine ægris medicina, languen-
tibus

tibus ſolamen, reis culpæ remiſſio, cunctis ipſius implorantibus patrocinium miſericordiæ riuulus noſcitur emanare. Cupientes igitur vt Feretrum Glorioſæ Virginis Mariæ ſitum in choro Eccleſiæ Beatæ Mariæ Maioris Valencenis Cameracen. Dioceſis, congruis honoribus frequentetur, & à Chriſti fidelibus iugiter veneretur, omnibus verè pœnitentibus & confeſſis, qui ad dictum Feretrum in omnibus feſtis Glorioſæ Virginis Mariæ, videlicet Aſſumptionis, Natiuitatis, Conceptionis, Purificationis & Annunciationis; & in Feſtis quoque Natalis Domini, Circuncifionis, Epiphaniæ, Paraſceues, Paſchæ, Aſcenſionis, Pentecoſtes, Trinitatis, Corporis Chriſti, Inuẽtionis & Exaltationis Sanctæ Crucis, Sancti Michaëlis Archangeli, Ioannis Baptiſtæ, SS. Petri & Pauli, & omnium Apoſtolorum & Euangeliſtarum, Sanctorumq́ Stephani, Laurentij, Martini, Nicolai, Auguſtini, Ambroſij, Hieronymi; Sanctarum Mariæ Magdalenæ, Catharinæ, Margaretæ, Cæciliæ, Luciæ, Agathæ, Agnetis & vndecim millium Virginum; In commemoratione omnium

Sanctorum & Animarum, & per octauas
dictarum Festiuitatum octauas habentium,
Singulisꝗ diebus Dominicis & Sabbatis cau-
sa deuotionis, orationis aut peregrinationis
accesserint, seu qui Missis, Prædicationibus,
Matutinis, Vesperis, aut alijs quibuscumque
diuiuis Officijs in præsentia huius Feretri
interfuerint & audierint, aut ipsum Feretrum cùm processionaliter portatur circa
Villam Valencenensem, scilicet in festo Natiuitatis Beatæ Mariæ Virginis secuti fuerint, & deuotionem continui fecerint, aut
ipsam viam per octo dies in medio sequen-
tes cum orationibus circuierint, aut Corpus
Christi, vel Oleum sanctum, cùm Confratri-
bus eiusdem Feretri portatur secuti fuerint:
Quotiescumque, quãdocumque, & vbicũque
præmissa vel aliquid præmissorum denotè
fecerint, de Omnipotentis Dei misericordia,
& beatorum Petri & Pauli Apostolorum
eius auctoritatẹ confisi, singuli nostrum qua-
draginta dies Indulgentiarum de iniunctis
eis pænitẽtijs misericorditer in Domino re-
laxamus. Dũmodo Diocesani voluntas ad id
accesserit & consensus. In cuius rei testimo-
nium,

monium præsentes litteras sigillorum no-
strorum iussimus appensione muniri. Datum
Auione, Anno Domini 1335. Et Ponti-
ficatus Domini Benedicti Papæ 12, anno 1.

Il n'est pas vray su qu'ils que l'evesque d'o

Ceste Bulle selon qu'elle porte, a esté permi- *cesain*
se & receüe par Guy de Vētadours, Euesque de *ait n ca*
Cambray, & enrichiée outre les susdits, de qua- *cette*
rante iours de pardons, le Lundy apres la Mag- *bulle*
dalene, la mesme année que dessus. Or voicy le *elle*
tout sommairemēt comme ie le treuue traduit *nest*
en nostre langue, & posé dans vn Tableau pour *point*
la commodité du peuple. *mais de 15 evesques* *du pape*

probablement in partibus etrangers à
valenciennes le seul evesque d'ioces.

SENSVIVENT LES PAR- *ne point*

dons, dōnez à tous ceux, lesquels *il n'as*
nous
estant Confessez & repentans, vi- *plus*
siteront & saluērōt la Fiertre des *qu'le*
Royez, en ceste Eglise de nostre *Pape*
Dame la grande, impetrés par les *qu'le*
Confreres. *Donnée à avignon, on* *fut*

peut etre le pape estoit alors. mais pour

SACHENT tous que l'An 1335, le 10 iour *quoi*
de Iuin, le premier an du Pape Benoist 12, *D...*
Guilleanme Archeuesque lors d'Antisbar, & *evesque*
que

nous ne connoissons pas donnent ils une
indulgence dans un diocese etranger
sans que le pape et le diocesain y consentent ?

14 Eueſques auec luy reſidents en Auignon, ont octroyez à tous ceux quy viſiteront ladite Fiertre des Royez és Feſtes cy deſſoubs declarées, chacun d'iceux 40 iours de pardons des penitêces eniointes, qui portent 600. iours. Leſquels pardons Guy alors Eueſque de Cambray confirma le Lundy apres la Magdalene en l'An deſſuſdict, & y contribua auſſi 40 iours de pardons, qui font tous enſemble 640 iours pour chacune fois, ceſt a dire 21 Mois bien comptez.

Premierement toutes les Feſtes de noſtre Dame, & durant leurs Octaues, ſi toutefois elles en ont de couſtume. En l'Aſſumption, Natiuité, Conception, Purification, & Annonciation.

Item au Noël, le iour de l'An, aux Roys, le Vendredy ſainct, a Paſques, Aſcenſion, Penteoſtes, a la Trinité, le iour du Sainct Sacrement, a l'Inuention & Exaltation de la S. Croix, & durant les Octaues des Feſtes ſuſdictes, qui en ont de couſtume.

Item le iour de S. Michel, la Natiuité & Decollation S. Ian baptiſte, S Piere & S Paul, comme auſſy de tous les autres Apoſtres & Euangeliſtes, a la Touſſaincts, Commemoration des Ames, & durant les Octaues ordinaires.

Item le iour de S. Eſtienne, S. Laurent, S. Martin, S. Nicolas, S. Gregoire, S. Auguſtin, S. Ambroiſe, S Hieroſme, & durant les Octaues s'ils en ont.

Item

Item le iour de S.Marie Magdalene,S.Cathe-
rine,S.Marguerite, S.Cecile, S.Lucie, S.Agathe,
S.Agnes,des onze milles Vierges.

Item tous les Dimenches & Samedis de l'An.

Item quiconques par deuotiõ,ou pour prier,
ou par façon de pelerinage , visiteront ladite
Fiertre, ou bien assisteront a la Messe , Predica-
tiõs, Matines, Vespres, & autres Offices diuins,
gaignerõt pour chasque fois les pardõs susdicts.

Item qui feront deuotement le tour de la
Procession,ou le iour mesme, ou les huits iours
ensuyuans,gaigneront par chasque fois les Pardons susdicts.

Finalement gaigneront les mesmes Pardons
ceux quy suyuerõt le Corps de nostre Seigneur,
ou la Saincte Huyle, quand on les porte a quel-
qu'un des Confreres ou Consœurs de ladicte
Confrerie.

LA SECONDE PARTIE.

Les Sainctes Reliques qu'on apporte de dehors la Ville, pour decorer la Procession.

AVANT-PROPOS.

V est le Roy, la est ordinairement la Court, que si d'auenture les Courtisans s'esloignent, ce n'est que pour quelque temps, car leur debuoir est de venir quelque fois recognoistre leur Prince. La Royne du Ciel a tellement choysi la Ville de Valencienne, que la plufpart des Eglifes luy font dediées, noftre Dame de la Salle, noftre Dame la Grande, noftre Dame de la Cauchie, noftre Dame des Carmes, noftre Dame de l'Abbaye de Beaumont, voire auffy l'Eglife de S. Ian, car outre S. Ian Bapti-

Baptiste, l'Euangeliste, & S. Augustin elle tient
auſſy noſtre Dame pour premiere Patroneſſe:
& depuis quelque temps l'Egliſe de la Compagnie de I E S V S eſt auſſy dediée à l'honneur
de ceſte Dame, de ſorte qu'elle tient la pluſpart
de la Ville pour ſon l'Ouure. Qu'eſtce donc
merueille ſi vne fois l'an ſes plus fidels Vaſſaux
viennent faire hommage a leur Princeſſe, &
marcher en triomphe le iour de ſon honneur?
Nous les voyons tous les ans portés en belles
lictiers, non-ia par des mulets ou hacquenées,
mais ſur les eſpaules Chreſtiennes, venir de
Condé, d'Haſnon, & d'autres Abbayes voiſines
comme nous allons deduire.

Amy Lecteur.

*Ie t'aduertis de bonne heure que iay de-
liberé de ſuyure l'ordre du temps au recite
des Colleges, Abbayes, Preuoſtez, & aultres
lieux pieux, deſquelles ie veux parler ſans
m'amuſer à la prëeminence que pretendent
quelques vns, d'vne emulation, qu'on ne
pourroit bonnement ny blaſmer ny condam-
ner, craignant que voulant complaire a l'vn
ie ne deſplaiſe a l'aultre, & que ie n'obtien-
ne ma fin pretenduë; car ceſt à la paix que
ie viſe, non ia à ſemer diſcorde.*

L'An

L'An de la fondation des lieux cy deffoub mentionnez.

L'Abbaye d'Hafnon, l'an 670.
l'Abbaye de Crefpin, l'an 685.
La Preuofté de Hafpres, lan 692.
L'Abbaye de Denain, l'an 764.
Le Prieuré de S. Sauue, l'an 801.
L'Eglife Collegiale de Condé, l'an 1082.
L'Abbaye de Vicogne, l'an 1125.
L'Eglife de Sebourg, l'an 1186.

L'Abbaye d'Hafnon.

L'Abbaye d'Hafnon, de l'Ordre de S. Benoift prefte aux Valencennois les neuf iours de la Proceffion, la Fiertre de S. Marcellin Preftre, & de S. Piere Exorcifte, Martyrs.

Leurs Vies.

DV temps des Empereurs Diocletian & Maximian S. Piere Exorcifte fut mis en prifon a Rome, pour la confeffion de I E S V S-CHRIST, ou il endura par plufieurs fois des
supplices

ſupplices treſcruels, inſtruiſant cependant les
autres priſonniers en la Foy.

Vn iour oyant Antime le Geolier ſe lamen-
ter pource que ſa pauure fille nommée Pauline
eſtoit poſſedée du Diable, il prit occaſion de
luy annócer Iesvs-Christ,& luy promit
de la guarir s'il ſe faiſoit Chreſtien:la promeſſe
faicte, il deliura la Fille, & conuertit a noſtre
Seigneur toute la famile, & leurs voiſins quy
eurent cognoiſſance du faict, puis les enuoya a
Marcellin Preſtre pour eſtre par luy baptiſé.

Le Iuge Serene ayant entendu ces nouuelles
les fit apprehender,& leur menaça mille maux,
s'ils ne renioyent leur Foy. Mais S. Marcellin
luy reſpondit d'vne franche liberté quil n'en
feroit rié,ce que deſpita tellement le Iuge, qu'il
luy fit battre la bouche a coups de poings , & le
ietter tout nud en priſon ſur les vitres & potz
briſez,ſans lumiere & ſans viure.

Dautre part il fit bien eſtroitement lier S.
Piere. Mais voyant que leur Foy & courage
croiſſoit a force des tourmens, il commanda finalement de les decapiter.

Le tranſport de leurs Reliques de la Ville de Rome pardeça.

LEs Reliques de S. Piere & S. Marcellin furent apportées de Rome par Euchart Chá-
celier

celier de l'Empereur Charlemaigne, & Abbé
de S. Bauon a Gand, lequel en retint vne grande partie en son Abbayé, & en distribua vne
partie au Monastere de Sainct Sauue Martyr
pres de Valencienne, vne partie a l'Eglise de
sainct Seruais a Maestrecht. Depuis Bauduin
de Mons Comte de Flandres & Haynaut ayant tiré dudict Monastere de Gand assez bonnes parcelles de ces Reliques, les fit mettre
en vne chasse dorée & enrichie de pierres
pretieuses, & les donna a l'Abbaye d'Hasnon, situeë au Diocese d'Arras, laquelle
il auoit fait restaurer apres les rauages des
Normans l'an 1070. Ceste chasse a esté fort
honorablement gardée iusques a l'an 1566, lors
que les Huguenots brise-images pillerent les
Eglises & Monasteres en plusieurs lieux du
Pays-bas. Dieu toutefois ne permit qu'elles fus-
sent emblées ou perduës par la diligence du
Magistrat de Valencienne, & d'vn Religieux
d'Hasnon Thresorier de la Preuosté à nostre
Dame la grande. De façon qu'apres deuës in-
formations Messire Martin Cupere Euesque de
Calcedoine l'an 1570, le 29 de Mars, ces sainctes
Reliques furent enueloppées en quelque voile
de soye, & mises en vne autre chasse de bois y
assistans trois Abbez auec tous les Religieux
d'Hasnon, & grand nombre de peuple.

La

La feſte de S. Marcellin, & S. Pierre, le 2 de Iuin.

On les va ſeruir à l'Abbaye d'Haſnon, & de noſtre Dame la grande pour les ſiebures & la grauelle.

Oraiſon à S.Pierre & S.Marcellin Martyrs.

AStiterunt iuſti ante Dominum , & ab inui-cem non ſunt ſeparati : calicem Domini biberunt,& amici Dei facti ſunt.
*Verſ.*Lætamini in Domino & exultate iuſti.
*Reſp.*Et gloriamini omnes recti corde.

Oremus.

DEus qui nos beatorum Martyrum Marcel-lini & Petri , commemoratione lætificas : præſta quæſumus , vt quorum gaudemus meri-tis,accendamur exemplis.Per Chriſtum Domi-num noſtrum. A M E N.

L'Abbaye de Creſpin.

L'Abbaye de Creſpin de l'Ordre de S. Be-noiſt enuoye de couſtume tous les ans, les Reliques de S. Landelin premier Abbé dudict lieu,

lieu, auec celles de ſes deux Diſciples S. Adelin,
& S. Domitian Hermite, tous trois Confeſſeurs,
enchaſſées en vne Fiertre.

Item depuis quelque temps encor vne autre
Fiertre dans laquelle eſt le Corps de S. Aibert
Religieux de Creſpin & Confeſſeur.

La vie de S. Landelin, S. Adelin & S. Domitian.

Sainct Lãdelin naſquit de fort nobles parẽts
du tẽps Dagobert Roy de Frãce, & fut l'vn
des principaux & plus aymez Diſciples qu'eut
S. Aubert Eueſque de Cambray pour l'auoir leué de ſaincts fonds de Baptefme, auſſy le dref-
ſa il es bónes lettres & en tout exercice de pieté & de deuotion.

Aduint que le ieune homme par máuuaix
conſeil fut ſeduit, & quitta la maiſon de S. Aubert, & en peu de temps deuint vn brigand &
voleur. Mais le bõ Eueſque fit tant par ſes prieres, que Dieu le regarda d'vn œil de miſericorde, & le receut à mercy.

Apres donc longue penitence, il fut admis
aux ordres & confacré Preſtre par S. Aubert.

Depuis il fit le chemin de Rome par trois
fois auec S. Adelin & S. Domitian Hermite deux
ſiens compagnons qu'il auoit tant es actions lo-
uäbles qu'ils ont exercé par enſembles, qu'es
predi-

predications de la parole de Dieu qu'ils firent aux enuirons du fleuue de Haifne ou de Hon.

Eftant de retour il fonda plufieurs Abbayes, entre autres, celle de Lobbe & d'Alne.

Du depuis voulant viure plus folitairement, & paracheuer le refte de fa vie en plus grande mortification, il fe retira en vn lieu, ou il edifia vne Eglife a l'hôneur de S. Piere & S. Paul, c'eft maintenant l'Eglife de l'Abbaye de Crefpin, ou il acheua le cours de fa vie en grande fainéteté, auec lés Religieux de l'Ordre de S. Benoift. Son corps gift en ladiéte Abbaye auec ceux de S. Adelin & S. Domitian fes compaignons.

La fefte de S. Landelin, le 15. de Iuin.

La fefte de S. Adelin, le 27. de Iuin.

La fefte de S. Domitian, le 22. de Iuin.

On va feruir S. Landelin pour les fiebures & plufieurs y reçoiuent guerifon en beuuant de la fontaine qu'il fit rejallir par fes prieres fichant fon bourdon en terre, dont le village en a receu le nom. Car à caufe que l'eaue ruiffelante de cefte fontaine donnoit des ondées crefpelues, il fut appellé Crefpin.

L'Oraifon à S. Landelin.

SImilabo eum viro fapienti, qui ædificauit domum fupra firmam petram.

Verf. Amauit eum Dominus & ornauit eum.

Resp. Stolam gloriæ induit eum.

Oremus.

INtercessio nos quæsumus Domine, B. Lande-lini Abbatis commendet, vt quod nostris meritis non valemus, eius patrocinio assequamur. Per Christum Dominum nostrum. A M E N.

Oraison à S. Adelin, & S. Domitian.

O Sancte Domitiane,
Et ô Sancte Adeline,
Sancti Patris Landelini
Et comites & socij.

Vers. Ecce quàm bonum & quàm iucundum.

Resp. Habitare fratres in vnum.

Oremus.

OMnipotens sempiterne Deus, te suppliciter exoramus intercedétibus sanctis tuis Adelino & Domitiano, vt noxia cuncta submoueas, & omnia nobis profutura concedas. Per Christum Dominum nostrum. A M E N.

La vie de S. Aibert.

SAinct Aibert natif d'vn village pres Tournay, de Pere & Mere craignans Dieu. Dés sa ieunesse souuent par nuit il se leuoit du lict secretement, & s'estendoit par terre, la baisant, & priant Dieu deuotement. Comme vne fois il s'endormit, & trouué qu'il fut en telle posture,

tout

tout triſte delibera de continuer ſes exercices en la bergerie, ou il y fut auſſy trouué. Ceneantmoins il ne laiſſa de matter ſon corps par abſtinence, ſe contentant quelque fois d'vne ſeule pomme le iour.

Vn iour comme l'on parloit de la conuerſion de S. Thiebaut, la ſainēteté de ſa vie, & heureuſe mort, il eut enuie de l'imiter. Ce pourquoy il n'vſa plus de linge, ains de laine & de haire, il quitta la maiſon de ſon Pere, & s'en alla viure chez quelque Religieux de Creſpin nommé Ian, lequel auec congé de ſon Superieur s'eſtoit retiré en l'Ermitage ou S. Domitian iadis y auoit demouré, ſe contentant d'herbes & racines, cependant S. Aibert apprint tout ſon Pſaultier.

Vne fois S. Aibert dormant ſe trouua en viſion ſur vn haut arbre entre Haſnó & S. Amãd, & vit qu'vn Ange luy apportoit vn accouſtrement, eſtant eſueillé il s'alla rendre Religieux de Creſpin, fut receu à l'inſtant pour ſa vertu, & y veſquit ſainētement adminiſtrant les principales charges du Monaſtere.

Apres y auoir paſſé les 25 ans il retourna auec le congé de ſon Abbé au deſert, ou il fut vne fois enuironné tellement des eaux, qu'on ne poumoit auoir accez à luy, & fut trois iours ſans menger, & ſans ouyr la Meſſe, dont il en eſtoit fort mary. Eſtant preſſé de faim il

C 2   s'addreſ

s'addreſſa à noſtre Dame, laquelle auſſy toſt le
refectionna de telle viande que l'eſpace de 22.
ans toute autre luy deſplaiſoit, auſſy ne mengea
il que des herbes & racines pour ſuſtenter la
nature.

Or comme tout le monde courroit à luy,
Burchard Eueſque de Cambray le ſacra Preſtre, affin de pouuoir adminiſtrer les Sacreméts
d'Euchariſtie & de Penitence aux ſuruenans.
Voire-mais le Pape Paſchaſe 2 par Odouin Abbé de S. Guiſlain luy donna permiſſion d'ab-
ſouldre d'aucuns cas reſeruéz.

S. Aibert apres auoir receu par les mains du
Prieur de Creſpin les Sacrements, il rendit ſon
ame à Dieu, chargé d'ãs & de merites l'an 1140,
& fut enſeuely par les Abbez de S. Amand & de
Creſpin en preſence d'vn monde de peuple.

La feſte de S. Aibert le 8. d'Auril.

Oraiſon à S. Aibert.

VOs qui reliquiſtis omnia, & ſecuti eſtis me,
centuplum accipietis & vitam æternam
poſſidebitis.

Verſ. Iuſtum deduxit Dominus per vias rectas.

Reſp. Et oſtendit illi regnum Dei.

Oremus,

AVxilium tuum nobis, Domine, quæſumus
placatus impende, & intercedente beato
Aiberto

Alberto Conſeſſore tuo, dexteram ſuper nos
tuæ propitiationis extende. Per Chriſtum Dominum noſtrum. A M E N.

La Preuoſté de Haſpres.

LA Preuoſté de Haſpres ſous la iuriſdiction
de l'Abbaye de S. Vaaſt d'Arras faict mon-
ſtre en la Proceſſion de Valencienne de trois
plus grands threſors qu'elle ayt en ſon Egliſe.

Le premier, de la Saincte vraye Croix, en-
chaſſée dans vne autre d'argent haulte de quatre pieds, & large a proportion.

Le deuxieſme, de la fiertre de S. Hugues Archeueſque de Rouen & Conſeſſeur.

Le troyſieſme de la fiertre de S. Achaire Abbé de Iumieges & Conſeſſeur.

La ſaincte vraye Croix.

L'Inuention de la ſaincte Croix le 3 de May.
L'Exaltation de la ſaincte Croix, le 14 de
Septembre.

Oraiſon

Oraison à la saincte Croix.

O Crux splendidior cunctis astris, mundo celebris, hominibus multùm amabilis, sanctior vniuersis:quæ sola fuisti digna portare talentum mundi : dulce lignum, dulces claues, dulcia ferens pondera:serua præsentem cateruã in tuis laudibus iugiter congregatam.

Vers. Hoc signum Crucis erit in cælo.

Resp. Cùm Dominus ad iudicandum venerit.

Oremus.

D Eus qui vnigeniti Filij tui prætioso sanguine viuificæ Crucis vexillum sanctificare voluisti: concede quæsumus, eos, qui eiusdem sanctæ Crucis gaudent honore,tua quoque vbique protectione gaudere. Per eundem Christum Dominum nostrum. A m e n.

La vie de S. Hugues, & de S. Achaire.

S Ainct Hugues filz aisné de Charlemaigne dés sa ieunesse monstroit qu'elle seroit sa vie à l'aduenir,car il se comportoit humblemét auec ses Maistres,paisiblement auec ses compagnons,& amiablement auec tous.

A l'aage de 15 ans auec le congé de son Pere il s'en alla à Rome, tant pour honorer les Apostres S.Pierre & S.Paul,que pour baiser les piedz du S.Pere Vicaire de Iesvs-Christ, lequel le receut cóme il meritoit.Entrés qu'ils furent en discours, Hugues luy declara la resolution qu'il auoit

auoit de ſe dedier au ſeruice de Dieu, & l'aggregation de ſon Pere à ſes deſſeins, ce pourquoy le S. Pere ſans aucun delay luy donna tóſure. S. Hugues eſtant tondu & faict Clerc, offrit ſes cheueux à Dieu & à S. Pierre, en teſmoignage de ſa conuerſion, puis demoura aucunes années ſous ſa conduite, iuſqu'a ce qu'eſtát Diacre il retourna en France auec pluſieurs Prelats de marque.

L'Empereur pour lors faiſoit ſa reſidence à Treues, lequel or' qu'il entédit le retour de ſon fils, il luy enuoya au deuant ſón autre filz nómé Druon auec les principaux de ſa nobleſſe, qui l'amenerent au Palais auec tout honneur.

Quelques téps apres les Eueſques de Rouen & Mets eſtant deſtitué de Paſteurs prierét l'Empereur d'y eſtablir ſes deux filz Hugues & Druó, ce qu'il ne voulut faire legeremét & ſans aduis. Ce-pourquoy il conuoqua vne Synode à Aix en Prouence, en laquelle tous deux furent eſleus & ſacrés, Hugues Archeueſque de Rouë, & Druon Archeueſque de Mets.

S. Hugues eſtát cóſtitué en ceſte dignité commença à baſtir des Egliſes, abbatre les maiſons publiques & infames, enrooler les pauures de ſa Dioceſe pour les nourrir, & s'addonna à toute œuure de charité & pieté? Apres auoir gouuerné ſon peuple lógues années, par inſpiratió diuine, il quitta la charge de ſon Archeueſché, & ſe rendit ſimple Religieux ſous S. Achaire

Abbé de Iumieges , qui commandoit lors à 900 Moisnes,ou il mourut plein de merite,l'an 840 son corps gist en la Preuosté de Haspres, auec celuy de S.Achaire son Abbé, là transporté de Iumieges en la persecution des Normans.

La feste de S.Hugues,le 9.d'Auril.

La feste de S.Achaire,le 15.de Septembre.

On va seruir S.Achaire pour le mal de teste, & quand le cerueau est blessé.

Oraison à S. Hugues.

I Nueni Dauid seruum meum, oleo sancto meo vnxi eum , manus enim mea auxiliabitur ei,& brachium meum confortabit eum. *Vers.* Amauit eum Dominus & ornauit eum. *Resp.* Stolam gloriæ induit eum,

Oremus.

D Eus qui beatum Hugonem Pontificem tuum, sanctorum tuorum meritis coëquasti: præsta quæsumus vt apud te sit nobis perpetuus suffragator, qui tui nominis extitit idoneus prædicator. Per Christum Dominum nostrum. A m e n,

Oraison à S. Achaire.

F Idelis seruus & prudens quem constituit Dominus super familiam suam.

Vers.

Verſ. Iuſtus vt palma florebit.
Reſp. Sicut Cedrus Libani multiplicabitur.
Oremus.

PRotegat nos Domine beatus Aychardus Abbas pro nobis intercedendo, vt & conuerſationis eius experiamur inſignia, & interceſſionis ipſius percipiamus ſuffragia. Per Chriſtum Dominum noſtrum. A M E N.

L'Abbaye de Denain.

L'Abbaye de Denain de l'ordre de S. Benoiſt faict volontier voir ces quatre belles fiertres que vous voyez expoſées ſur le maiſtre Autel de leur Egliſe, aſçauoir.

La fiertre de S. Aldebert Confeſſeur.

Celle de S. Royne ſon Eſpouſe.

Item celle de S. Refroy Vierge & leur fille.

Item encor vne, dãs laquelle ſont enferrées aucunes Reliques des onze mille Vierges.

La vie de S. Aldebert, de S. Royne, & de S. Refroy.

SAinct Royne eſpouſa S. Aldebert Comte du Pays d'Auſtreuent par le conſeil du Roy Pepin

pin son Oncle, & viuãt par ensemble vertueu-
sement eurét dix filles, à-sçauoir: S. Refroy, Ne-
ptaline, Ambrosine, Auoye, Pauline, Celestine,
Charlotte, Rose, Frasine, Helaine, lesquelles furent si bien nourries & instruites, qu'apres auoir
vacqué aux exercices de pieté, elles prindrent
resolution de garder la virginité, & entrepin-
drent par bonne compagnie le voyage de Rome, pour visiter les saincts lieux, & receuoir la
benediction du S. Pere.

En apres y auoir vescu quelque temps en
grande deuotion les cincq, à-sçauoir: Ambrosine, Auoye, Pauline, Celestine, & Frasine se par-
tirent de Rome vers Hierusalem, poussées d'vn
grand desir de voir la terre saincte, & en ce lõg
voyage elles moururent toutes cincq, puis lés
quatres autres en la ville de Rome, de sorte que
S. Refroy demoura toute seulette.

Or comme elle estoit de rare beauté, elle fut
demandée en mariage par vn filz de quelque
grand Seigneur de Rome, mais il ne peut onc-
ques esbranler sa resolution de garder la virginité. Aussy bien tost Dieu luy fit entendre par
le cõseil de quelque sainct personnage qu'il ny
auoit moyen plus asseuré pour detourner ce
coup, que de sortir de Rome, & retourner en
son pays, ce qu'elle accomplit, & y trouua sa
Mere vefue qui s'addonnoit aux oeures de pieté, & taschoit d'acheuer l'Eglise de Denain
qu'elle

qu'elle & son mary auoient commécé à l'honneur de la Vierge Marie.

Saincte Royne donc ayát assemblé en ce lieu
bon nombre des filles honnestes, elle en donna
la charge à sa fille S. Refroy, qui estoit dés long
temps dressée en toute sorte de vertuz, & saincteté, cependant elle se retira à l'escart, s'addon-
nant du tout à la contemplation. Cepourquoy
S. Refroy est honnorée pour premiere Abbesse
de l'Abbaye de Denain. Car, encor que S. Royne
soit peinte auec la crosse à la main, cela veut dire tant seulement, qu'elle a esté fondatresse dudit lieu.

Il y auoit pres de-là vne autre Eglise bastie à l'honneur de Sainct Martin pour les
Clercs & Prestres, en laquelle Sainct Aldebert fut inhumé, du depuis Sainct Royne, & depuis encor S. Refroy, d'ou leurs Sainctes Reliques ont esté transportées en l'Eglise de
l'Abbaye, & posées sur le grand Autel en
trois chasses d'argent. Celle de Sainct Refroy tient le milieu à cause de sa Virginité.

La feste de Sainct Aldebert le 22 d'Auril,
encor que l'office n'en sonne mot, d'autant
qu'il est meslé auec cestuy de S. Royne son
Espouse.

La feste de S. Royne principale, & plus solemnelle, le 1 de Iuillet.

L'ele-

L'eleuation du corps de S. Royne le 17 de Mars.

La feſte & ſolemnité de S. Refroy, le 8 d'Octobre.

L'eleuation du corps de S. Refroy le 2 de Septembre.

La Relation l'onzieſme de Iuin.

On va ſeruir S. Refroy pour le mal des yeux la neufuaine ſe faiƈt en diſant neuf fois Pater noſter & Aue Maria, les neuf iours de ſa ſolemnité, & lauant les yeux auec de l'eaue dans laquelle les ſainƈtes Reliques ont eſté baignées.

Oraiſon à S. Aldebert.

SAnƈte Comes Aldeberte, fac vt Deus donet per te nobis hîc ſuam gratiam, in cælo ſuam gloriam.

Verſ. Ora pro nobis Beate Aldeberte.

Reſponſ. Vt digni efficiamur promiſſionibus Chriſti.

Oremus.

DA nobis, quæſumus Domine Deus, intercedente beato Aldeberto Comite Confeſſore tuo, vt ſic tranſeamus per bona temporalia, vt non amittamus æterna. Per Chriſtum Dominum noſtrum. A M E N.

Orayſon

Orayson à S. Royne.

SAncta Regina, Regijs natalibus orta, moribus maturis infantiæ perornauit tempora. Gloriosa mater Regina, memorare quæ sit nostra miseria, & suscipiens circunstantium vota, fac tecum regnare in cælesti curia.

Verf. Sancta Regina magna est fides tua.

Resp. Intercede pro nobis ad Dominum Deum nostrum.

Oremus.

OMnipotés & misericors Deus familiã tuã sereno vultu respice,& sanctissimæ Reginæ pio interuentu fac nos cum digna celebritate vitæ præsentis cursum peragere, atque ad supernarum virtutum culmina peruenire. Per Christum Dominum nostrum. A M E N.

Orayson à S. Refroy.

BEata Virgo Ragenfredis supernis ciuibus in cœlesti regno feliciter sociata, immarcessibilem æternæ vitæ coronam percipere meruit, quam præparauit Deus diligentibus se.

Virgo Regi I E S V-C H R I S T O dilecta, in astris Virgo sacra Ragenfredis, apud ipsum pro nostris erratibus intercede, vt benignus nobis tribuat benedictionem suæ gratiæ, atque beatitudinem sempiternæ gloriæ.

Verf.

Verſ. Ora pro nobis beata virgo Ragenfredis.
Reſp. Vt digni efficiamur promiſſionibus
　　Chriſti.

Oremus.

OMnipotens ſempiterne Deus ſolemnitatis
hodiernæ gaudia ſereno vultu reſpice : atque beatæ Ragenfredis merita proſequétes ſub
gratia tuæ pietatis clemens attolle : vt cuius fe-
ſta recolimus in terris, eius interuentu muniamur in cælis . Per Chriſtum Dominum noſtrum. A M E N.

Le Martyr de S. Vrſule & des onze mille Vierges.

L'A N 382 le 7 de l'Empereur Gratian, du
temps que Clement Maxime Roy de la
grande Bretaigne fit paſſer en armes vne peuplade de Bretons, iuſques es parties de la Gaule Armoriquę. Alors Meriadac Roy de ceſte
peuplade, enuoya en Bretaigne vn Ambaſſa-
deur par deuers Dionor Prince de Conouaille,
auquel Maxime auoit baillé le gouuernement
de la Prouince Bretonne.

Les points de l'Ambaſſade eſtoient, que le
Roy Conan luy demandoit ſa fille Vrſule en
mariage, d'autant qu'elle eſtoit bien inſtruite &
nourrie en la Foy Chreſtienne . Le deuxieſme
qu'il permiſt aux Dames & Damoyſellelles eſ-
pouſes

pouſes des Gentilshommes, Capitaines, & Che-
ualiers, comme auſſy les femmes des autres gẽs
d'armes qu'elles vinſſent trouuer leurs maris
deça la mer dans la Gaule Armorique. Le troiſieſme, qu'il luy enuoyaſt auec ſa fille S. Vrſule des filles nobles & roturieres mariables, pro-
mettant de les donner a femme à la nobleſſe &
ieuneſſe de Bretaigne departie par Maxime dãs
les villes, forts, & garniſon de la baſſe Gaule,
d'autant que les filles de là n'eſtoient pas encores Chreſtiennes.

Dionor fit incontinent equipper vne flotte
de nauires, & fit aſſembler à Londres grand
nombre des Dames & Damoiſelles, dont leurs
marys faiſoient la guerre en la Gaule, & des
filles a marier pour ſeruir de ſuitte à S. Vrſule.

Le iour de leur partement venu, on s'em-
barque, on dit l'adieu, auec larmes d'vne part
& d'autre.

Apres que les vaiſſeaux furent deſcendus
par la Tamiſe iuſqu'a l'embouchure de l'O-
cean, & que ceſte flotte cinglant en haute mer
tendiſt aux Haures de l'Armorique, incontinent
le vent contraire eſmeut ſi violentement les
ondes, & le beau temps tourna ſi ſoudain en
tempeſtes & orages, que pluſieurs nefs s'enfon-
cerent, autres hurterent aux roches, peu ſe ſau-
ua & paruint à bon port.

Le prin-

La principale nef de S. Vrsule , & plusieurs autres ayans les voiles & cordages rompus furent poussées par l'impetuosité des vents dedans le Rheim, ou elles furent trouuées par des Hongres & Pictes , peuples barbares qui rauageoient la Germanie, & s'en alloient par le cōmandement de Gratian enchasser Maxime & luy faire quitter la Gaule.

Ils les attrapperent pres la Ville de Couloigne , & les enquirent de leur pays & Religion, qui elles estoient,& ou elles s'en alloient.

S.Vrsule au nom de toutes respondit qu'elles estoient Bretonnes & Chrestiennes , qu'elles estoient abordées là non de leur gré ains contraintes par tempestes de Mer , & qu'elles s'en alloient à leurs marys,parens & amys en Gaule Armorique.

Les Barbares despitez de telle responce, leur menacerent de les faire toutes mourir , s'elles ne renioient leur Foy & abandonnoient leur pudicité. Mais ces viriles Dames & vertueuses Filles respondirent toutes d'vne voix qu'elles aymoient mieux mourir que de renier leur Foy promise à IESVS-CHRIST , ou de permettre souiller leurs corps.

Parquoy ces meschants Barbares se voyants mesprisez, pleins de furie , n'ayans aucun respect, ny consideration de la noblesse, sexe, ou ieunesse & fleur d'aage de ces Dames ou Filles
d'hon-

d'honneur,ils tranſpercerent les vnes,decapite-
rent les autres ſans pitié ny compaſſion.

Leurs corps furent inhumez à Couloigne, &
es lieux circonuoiſins . C'eſte hiſtoire eſt tirée
de Galdefride, Tritemius , & autres anciennes
hiſtoires.

La feſte des onze milles Vierges le 21 d'O-
ctobre.

*Orayſon à S. Vrſule & ſes Compa-
gnes Martyrs.*

PRudentes Virgines aptate lampades ve-
ſtras:ecce ſponſus venit, exite obuiam ei.
Verſ. Adducentur Regi virgines poſt eam.
Reſp. Proximæ eius afferentur tibi.

Oremus.

DA nobis quæſumus, Domine Deus noſter,
ſanctarum Virginum & Martyrum tua-
rum,Vrſulæ & ſociarum eius, palmas inceſſabili deuotione venerari:vt quas digna mente non
poſſumus celebrare,humilibus ſaltem frequentemus obſequijs . Per Chriſtum Dominum noſtrum. AMEN.

D   L'Ab-

La Prieuré de S. Sauue.

CEste Prieuré tenuë des Religieux de S. Benoist, foub l'Obedience des Abbez de Clugny, fait marcher en la Proceffion de Valencienne la fiertre de S. Sauue Euefque d'Angoulefme & de fon Compaignon Superie Martyrs.

La vie de S. Sauue & de fon Compagnon.

SAinct Sauue Euefque d'Angoulefme eft venu de la Prouince d'Aquitaine es quartiers de Valencienne auec vn fien compagnon, pour y prefcher l'Euangile.

Aduint vn iour qu'il fe retira pres l'eglife de S. Martin, ou il pria Dieu toute la nuit, qu'il luy pleuft defigner le lieu ou il pourroit trauailler au falut des ames. Le lendemain Dieu luy enuoya vn grand nombre de peuple pour ouyr fa predication, il monta donc en chaire, & apres le Sermon il chanta la Meffe reuetu de fes ornemens Epifcopaux trefriches & trefpretieux, puis leur donna la benediction.

Acheué

Acheué qu'il eut, Geuard Preuoſt de Valencienne le pria au diſner. Or ce Preuoſt auoit vn
meſchant filz nómé Winegard lequel fut ſaiſy
de la conuoitiſe de ces riches ornemés, ce-pourquoy il s'enquyt durant le diſner ou ſeroit leur
rendez-vous, affin de leur couper chemin.

Eſtant donc le S. homme & ſon compagnon
en chemin tirant vers Condé, Winegard le fit
apprehender, luy oſter tous ſes ornemets d'autel, puis l'enfermer dans vne tour d'e quelque
Chaſteau, ou par ſon commandement vn ſien
ſeruiteur leur aualla la teſte auec vne large coi-
gnée, & enfouyt leurs corps en vn eſtable à
bœufs aux village de Buuraiges.

Trois ans apres, l'an 801, L'Empereur Charle-
maigne eſtant aduerty du ciel eſleua ſolemnel-
lement leurs corps, & les fit charger ſur vn chariot conduit par deux bœufs, leſquels par diſpo
ſition diuine ſans aſſiſtence d'hóme furent me
nez en l'Egliſe de S. Martin au village de Brena,
ou Charle-maigne y fonda depuis vne Prieuré,
qu'il dotta d'aucuns biens & heritages.

Des alors le village de Brena a eſté touſiours
appellé S. Sauue, pour la reuerence dudit Sainct.

Le compagnon & diſciple de S. Sauue eſt appellé Superie, tiré du Latin Superius ou Supe-
rior, pource que ſon corps fut trouué en l'eſtable eſtédu pardeſſus le corps de S. Sauue en forme de Croix.

D 2   L

La feste de S. Sauue & de Superie, le 26 de
Iuin.

L'eleuation de leurs corps le 15 d'Octobre.
On va seruir S.Sauue pour les bestiaux.

Oraison à S. Sauue, & S.Superie.

IOcundetur Mater Ecclesia, recolendo Dei
magnalia, in beati Saluij clara victoria, eiuf-
que socij mira constantia, dicat ergo mens bene
conscia: tibi Christe sit laus & gloria.

Cultor Dei Saluius Episcopus, Martyrque
gloriosus intercedat quæsumus pro nobis omnibus, vt inolita pietate sibi Deus propitietur
nostris iniquitatibus.

Verf. Lætamini in Domino, & exultate iusti.
Resp. Et gloriamini omnes recti corde.

Oremus.

DEus qui beatum Saluium Martyrem tuum
atque Pontificem virtute constantiæ in
passione roborasti: quique illi ad prædicandum
gentibus gloriam tuam Superium sociare dignatus es: tribue nobis quæsumus, eorum imitatione pro amore tuo prospera mundi despicere, & nulla eius aduersa formidare. Per Christum Dominum nostrum. AMEN.

L'Eglise

L'Eglise Collegiale de Condé.

ON apporte de l'Eglise Collegiale de Condé à la dedicace de la ville de Valencienne le corps de S. Wasnon Euesque & Cõfesseur.

La vie de S. Wasnon.

SAinct Wasnon nasquit d'vn Comte nommé Herbert, lequel selon le monde estoit
grand, car il auoit espousé la propre sœur d'E-
stienne Roy d'Angleterre. Ce neant-moins il
n'en fut pas pourtant plus hautain, au contraire
le bon filz craignant que la noblesse, qu'y nous
blesse le plus souuent, ne luy desrobast le meilleur de ses ans; tout au beau commencement de
son bas aage il la maria auec la pieté, par le bon
conseil d'vn sien Pedagogue qu'on luy donna
pour mieux dresser sa vie.

Attaint qu'il eut l'aage de discretion on le
mit aux escoles, ou il proufita beaucoup en pieté & en bonnes lettres: aussy fut il trouué digne
d'estre thresorier de la grande Eglise d'Yorck.

Cela est remarquable en sa vie qu'aussy tost
il departit tous ses biens aux pauures, n'estimãt

au monde rien plus noble, ny plus pretieux
que de fecourir & ayder les neceſſiteux.

Sur ces entrefaictes, Turſcanius qui eſtoit
lors Eueſque d'Yorck, paſſa de ceſte vie à treſ-
pas, & donna occaſion au peuple de ietter les
yeux ſur Waſhon, comme ſur ceſtuy, quy eſtoit
le plus chargé de merites. Mais d'autre part
l'Ambition eſbloüyt tellement les yeux d'vn
ieune Archidiacre, qu'il r'enuerſa les deſſeins
du Clergé & du peuple, & empecha l'electiõ de
ceſtuy que tout le monde admiroit & eſtimoit
treſdigne de la charge Epiſcopale.

Car tout eſtant en ſurſeance, le venerable
Eugene de l'ordre de Ciſteaux, homme de rare
pieté, eſleua au throne Epiſcopale vn Henry
Murdach Religieux du meſme ordre, tout rõpu
& verſé es lettres humaines & diuines.

S. Vvaſnon fut depuis faict Eueſque titulaire
deſtiné pour conuertir les Payens, auſſy s'y em-
ploya il d'vn grand zele n'eſpargnant ny force
ny courage, tracaſſant par tout le monde pour
gaigner les ames à IESVS-CHRIST noſtre Seigneur. A ceſte fin il ſe tranſporta en Eſcoſſe, &
de-là il vint ſur les confins de Haynaut, pres
des bois de Theraſche, pour y preſcher le ſainct
Euãgile tãt à Condé villette de Haynaut qu'es
lieux circonuoyſins, d'ou ſouuent il alloit viſiter S. Vincent Comte à Haut-mont, & finalement il y mourut non ſans auoir faict pluſieurs
mira-

miracles pres ſon ſepulchre en l'Egliſe de noſtre Dame.

Ceſte Hyſtoire eſt tirée de leçons, qu'on liſoit par cy deuant à Matines le iour de ſa feſte.

La feſte de S. VVaſnon le 1 d'Octobre.

La tranſlation de ſon corps, le 10 de Ianuier.

La memoire du recueil des Reliques que fit Loüys de Barlaymont Archeueſque de Cambray l'an 1576, quelques années apres qu'elles auoient eſté diſperſées & prophanées par les heretiques lors qu'ils prindrent la ville, ſe faict le 27 de Mars.

On inuoque S. VVaſnon pour detourner les tempeſtes, foudres, & tonneres.

Oraiſon à S. Waſnon.

Sacerdos & Pontifex, & virtutum opifex, Paſtor bone in populo, ora pro nobis Dominum.

Verſ. Amauit eum Dominus & ornauit eum.

Reſp. Stolam gloriæ induit eum.

Oremus.

EXaudi quæſumus Domine preces noſtras, quas in B. VVaſnulphi Côfeſſoris ſui atque Pontificis commemoratione deferimus : & qui tibi digné meruit famulari, eius interuenientibus meritis, ab omnibus nos abſolue peccatis. Per Chriſtum Dominum noſtrum. Amen.

L'Ab-

L'Abbaye de Vicogne.

L'Abbaye de Vicogne de l'Ordre de Premō-ſtré tient a bonne heure quelques Reliques de S. Blayſe Eueſque & Martyr, Patron de l'Egli-ſe, & de S. Sebaſtien auſſy Martyr, enchaſſées dans deux quaiſſes faictes à leur honneur leſ-quelles nous voyons tous les ans brillonner en la Proceſſion de la ville de Valencienne.

La vie de S. Blayſe.

L E Paganiſme eſtant en vogue en pluſieurs pays, les Chreſtiens de Sebaſte eſleurent S. Blayſe pour Eueſque & Paſteur, eſperans d'eſtre par ſa bonne vie & doctrine inſtruits & confir-més en la Foy, & en gaigner d'autres à I E S V S-CHRIST.

Comme la perſecution de Diocletian eſtoit en furie Blayſe ſe cacha en la montaigne d'Ar-gée, & y demeura ſi long temps que les Soldats du Gouuerneur Agricolaus le trouuerent ainſy comme ils chaſſoient, & en aduertirent leur maiſtre lequel auſſy toſt le fit ſayſir & le mettre en priſon, ou il guarit vn ieune enfant abandō-né des

né des medecins, qui eſtrangloit d'vne eſpine
qui luy tenoit à la gorge.

Quelques iours apres le Gouuerneur le fit
preſenter deuant ſoy, & luy dit : Dieu te garde
Amy Blayſe, amy des Dieux, & de nous. Auquel
S. Blayſe reſpondit : Et vous auſſy Monſieur le
Gouuerneur : mais n'appellez pas voz Dieux,
Dieux; ains pluſtoſt diables, leſquels ſeront vn
iour mis au feu eternel.

Le Gouuerneur irrité d'vne telle reſponſe le
fit cruellement battre de verges. Alors Blayſe
luy dit: O infenſé, & ſeducteur des ames, penſe
tu me detourner de la confeſſion de mon Dieu
par les moyens de tes tourmens? tu ne ſçaurois.
car i'ay mon Sauueur Iesvs-Christ quy me
conforte & fortifie.

Il le fit derechef empriſonner, & peu apres
l'ayant retiré il luy dit: Blayſe es tu deliberé de
ſacrifier ou de mourir malheureuſement? Que
les Dieux periſſent (reſpondit il) quy n'ont
point faict le ciel & la terre. Quant a la mort
que tu me propoſe, elle me cauſera la vie eternelle. Adonc le Iuge le fit attacher à vn poſteau, & le ratiſſer & fendre auec des peignes &
cardes de fer. Puis le remit pour la troyſieſme
fois en priſon, de-là le fit ietter dãs vn lac, mais
ayant faict le ſigne de la Croix, l'eaue deuint ſi
ferme, qu'il marchoit deſſus comme ſur le pa-
ué, au contraire, ſeptante & huict perſonnes qui

D 5   le ve.

le venoyent noyer, furent noyez eus-mesmes.

Finalement voyant qu'il ne profitoit rien, il commanda de le decapiter.

La feste de S. Blaise le 3 de Feburier.

On le va seruir à l'Eglise de Vicogne pour le mal des dents, & de la gorge.

Oraison à S. Blayse.

AVe Præsul honestatis, Martyr magnæ sanctitatis, Sancte Blasi vir laudande, toto orbe prædicande, & operi comprobande.

Qui das lapsis releuamen, & infirmis das iuuamen; Tu pro nobis intercede, vt cœlesti nos mercede ditet Deus cum beatis, regno suæ claritatis.

Verf. Ora pro nobis beate Blasi.

Respons. Vt digni efficiamur promissionibus Christi.

Oremus.

DEus qui per orationem B. Blasij Martyris tui atque Pontificis, cunctis eiusdem memoriam facientibus, à quacumque tribulatione, infirmitate, seu aduersitate tenerentur, liberari concessisti: concede propitius: vt cuius memoriam agimus in terris, eodem precante gloriam consequamur in cælis. Per Christum Dominum nostrum. AMEN.

La vie de S. Sebaſtien.

LE Pere de Sainct Sebaſtien eſtoit de Narbonne, la Mere de Milan, qui eurent grand ſoing d'inſtruire leur petit filz en la Foy Catholique.

L'Empereur Diocletian l'ayma fort tãt pour ſa Nobleſſe que pour ſa vertu, & le fit Capitaine de la premiere bande.

Cependant il aſſiſtoit les Chreſtiens ſecretement auec ſes moyens, & ceux qu'il voyoit chãceler en la Foy par crainte ou par force des tourments, il les encouragoit de la ſorte que par-apres ils ſe lançoiēt de leur gré entre les mains des Bourreaux. Entre autres Marc & Marcelliã Freres iumeaux detenus en priſon chez Nicoſtrat le Geolier qu'il reguerit des gouttes, & cõuertit a la Foy auec ſa femme Zoé luy rendant la parolle, car elle eſtoit muette, & pluſieurs autres encor auec leurs familes.

Diocletian entendu qu'il eut ces nouuelles il le reprit aygrement, puis par mille tours il tacha de le detourner de la Foy, mais voyant que ny par promeſſes, ny par menaces il ne proufitoit rien, il commanda aux ſoldats de le lier à vn poſteau, & tirer des fleſches contre luy comme a vn but, ce qu'ils firent, & le laiſſerent là pour mort.

De nuit

De nuit la bonne femme Irené vint pour l'enfeuelir, mais l'ayant trouué encor en vie, il le mena en fa mayfon & le penfa. Peu de iours apres Diocletian le trouuãt par voye tout plein de vie & de fanté, fut bien eftonné: d'autre-part S. Sebaftien luy donna vne viue reprimende blafmant fa cruauté, dõt l'Empereur irrité plus que deuant, commanda de le battre de verges iufqu'a rendre l'ame.

Son corps fut ietté dans vne voirie d'ou S. Lucine en ayant efté aduertie l'en retira à minuit, & l'enfeuelit au Catacombes, & par-apres luy edifia vn beau temple, & le dotta de fes biens.

La fefte de S.Sebaftien, le 20 de Ianuier.

Oraifon à S. Sebaftien.

O Magnæ fidei fanctiffime Sebaftiane miles beatiffime, cuius meritis & precibus tota patria Lombardiæ à mortifera pefte fuit liberata: intercede pro nobis ad Dominum I E S V M-CHRISTVM: vt nos tuo beato interuentu ab ipfa pefte epidimiæ, ab improuifa morte, ab omni aduerfitate corporis & animæ liberare & defendere dignetur: & donet nobis tantum vitæ fpatium, & tantam emendationem peccatorum noftrorum, vt poft hoc exilium facris tuis precibus cum Chrifto collætemur.

Verf.

Verſ. Ora pro nobis beate Martyr Sebaſtiane.

Reſp. Vt mereamur peſtem epidimiæ illæſi per-
tranſire, & promiſſionem Chriſti obtinere.

Oremus.

Omnipotens ſempiternæ Deus, qui meritis
& precibus S. Sebaſtiani Martyris tui quâ-
dam generalem peſtem epidimiæ ab hominibus reuocaſti : præſta ſupplicibus tuis, vt qui in
nomine tuo eius memoriam, & in eum fiduciâ
pro ſimili peſte reuocanda habuerint ipſius meritis & precibus ab ipſa peſte epidimiæ, & ab
omni malo corporis & animæ liberentur. Per
Chriſtum Dominum noſtrum. AMEN.

L'Egliſe Parochiale de Sebourg.

Depuis l'an 1612, quâd le corps de S. Druon
a eſté leué de ſon tombeau, & poſé dans
vne belle quaiſſe, il a voulu tenir ordre en là
Proceſſion de Valencienne, & faire de l'hôneur
à la Mere de Dieu, ſa bonne Dame, & la Royne
du ciel & de la terre.

La vie de S. Druon.

Sainct Druon natif d'Eſpinoy en Caruin, fut
tiré vif du ventre de ſa mere morte deuant
l'enfan-

l'enfantement ce-pourquoy ſes petits compagnons luy reprochoient en iouant qu'il auoit eſté cauſe de la mort de ſa mere, dont le petit filz en plouroit & s'en contriſtoit.

Attaint qu'il eut l'aage de 14 ans, il s'addonna au ſeruice de Dieu, matta ſon corps, donna tout ſon bien aux pauures, & s'en alla par le pays. Venu qu'il fut à Sebourg, il ſeruit de berger à vne bonne Matrone l'eſpace de ſix ans, edifiant tout le monde par ſa modeſtie, deuotion & obeiſſance.

Eſtant homme venu il fit dix fois par deuotion le chemin de Rome, dont il en reſta toute ſa vie greué & rompu, & ne vouloit pourtant en eſtre aydé, deſirant l'endurer pour l'amour de Dieu.

Pour mieux s'addonner au ſeruice de Dieu, il demoura en vne petite cabanne pres l'Egliſe, & voüa à Dieu de n'en ſortir tant qu'il viuroit. Or vn iour comme le feu print dans ſa logette, & que tous crioient: Druon ſauuez vous; il ne voulut iamais rompre ſon vœu, auſſy Dieu preſerua ſon fidele ſeruiteur ſans qu'il perdiſt vn ſeul cheueux.

Apres qu'il eut paſſé ſainctement les 40 ans en ceſte cabanne, Dieu l'appella de ce monde pour le guerdonner au ciel l'an 1186.

La feſte de S. Druon, le 16 d'Auril.

La

La Dedicace,& le iour des Pelerins, la 2 feſte de la Pentecoſte.

L'eleuation de ſon corps l'onziéſme de Iuin dont voicy le Chronographe Latin.

SAnCtVs barnabas DrogoneM erigebat sebVrgIs.

On va ſeruir S.Druon pour la grauelle, rupture, harnie, greueure, & les goutes.

Oraiſon à S. Druon.

Hic vir deſpiciens mundum, & terrena triumphans, Diuitias cælo condidit ore, manu.

Verſ. Ora pro famulis.

Reſp. O Drogo Sancte tuis.

Oremus.

DEus humilium celſitudo,qui beatum Drogonem Confeſſorem ſanctorum tuorum gloria ſublimaſti: tribue quæſuinus, vt eius meritis & imitatione promiſſa humilibus præmia feliciter conſequamur. Per Chriſtum Dominum noſtrum. Amen.

L A

LA TROISIESME PARTIE.

Les Reliques des Sainéts qui se retrouuent & sont honnorées és Eglises de Valencienne.

AVANT-PROPOS.

ALENCIENNE estāt en fleur, viuant à l'abry de ses biens, à l'instant changée du iour à la nuict, a perdu le lustre de son honneur. Elle auoit pour ses beaux attours & vestemēs des Festes, des Reliques des Sainéts en grand nombre, que Dieu luy auoit departy & mis en depost iusqu'au dernier iour du monde, mais ie ne scay par quel malheur vne grande partie a esté mise au pillage, de sorte qu'il ny a pres-

a presque nulle maison quy ne pleure sa perte.
Les Peres Recollects regrettent vn corps entier
d'vne des onze milles Vierges, nostre Dame la
Cauchie vne belle fiertre d'argent pleine de
Reliques, le Beguinage vne autre fiertre faicte
delicatement en cristal de roche, S. Marcellin
& S. Pierre se trouuent reduits en vne petite logette de bois garnie tant seulement de velour
rouge, & vne Abbaye de S. Ian quy comptoit
iusqu'a cincquante sortes des Reliques, comme
tesmoignent les papiers de la maison, se doit
ores contenter d'vn seul demy doigt de son bō
Patron. Cependant on s'esmerueillera d'oüyr
des inuectiues contre l'heresie, & contre ses
malheureux boutefeus. Non, non, il n'yra pas de
la sorte : Mais Valencienne n'estant pas encor
venuë à la chemise, fera baniere du reste de son
drapeau, secoué des mains de ses ennemys, &
leur fera venir la fiebure mortelle d'enuie, de
despit & de mal-talent, quand ils verront les
Eglises si bien furnies, les Reliques si richemēt
parées, leur honneur & gloire redoublée.

Amy Lecteur.

Ie t'aduertis que ie ne veux pas coucher
par escrit toutes les vies des Saincts, des-
quels ie vay parler, comme i'ay faict en la
seconde partie : mais seulemēt nommer leurs

Reliques, & y adioindre leurs festes, si toutefois elles sont signalées, ou pour la quantité, ou pour l'antiquité, ou certes pour les œuures admirables que Dieu opere par elles. I'estime les Reliques de S. Victor, les os de Thebeens pour leur grãdeur, la ieinture de S. Ian Baptiste pour sa rareté, les parcelles des ossemens de S. Piere Martyr, de Saincte Odile de S. Eloy pour leurs miracles. Et cõbien que i'estime tout autant les autres que petites qu'elles soyent: toutefois ie n'en sonneray mot, craignant de faire grossir mon liure, & en lieu d'vn petit manuel en faire sortir vn gros bible. Venons à propos.

L'Ordre de la fondation des lieux cy deßoub mentionnez.

L'Eglise de S. Gille, l'an 367.
L'Abbaye de S. Ian, l'an 690.
La Paroiche de S. Gery, l'an 690.
La Paroiche de la Cauchie, l'an 1186.
L'Eglise de nostre Dame de la salle, l'an 1192.
Le Conuent de S. Paul, l'an 1233.
Le Conuent de S. François, l'an 1233.
Le Conuent des Carmes, l'an 1235.
Le Beguinage, l'an 1244.

Le

Le Conuent des Sœurs grises, l'an 1462.
La Compagnie de I e s v s, l'an 1581.

L'Eglise de S. Gilles , dite de l'Hostellerie.

L'An de grace 367 Valentinié Empereur fit bastir quelques râparts en forme de Ville à-lentour du Chasteau du Val des Cygnes, & la nómma Valentiniéne, maintenãt nous l'appellons Valencienne , & cóme il estoit bon Chrestien il fit destruire les Idoles,& cóuertir le peuple à la Foy Catholique: dedans ce chasteau il y auoit vn viel Hospital pour les Sarrazins , il le restaura,(c'est or' la maison de l'Hostellerie)& y fonda vne petite Eglise à l'honneur de Dieu & de Monsieur S.Gilles. Aussy est il le Patron de la Ville, & ceste Eglise la premiere & plus ancienne de toutes.

Il y a icy plusieurs Reliques enclauées en vne belle Croix, d'autres portées par nostre Dame, S.Laurent, S.Gilles faicts en argét, d'autres encor en quelques Reliquiaires,dont voicy les principales.

Vn dent de S.Gilles Abbé & Confesseur.
Du bras de S.Laurent Martyr.
De S.Fiacre Confesseur.
Des onze milles Vierges & Martyrs.

E 2   Sainct

Sainct Gilles.

La feste de S. Gilles, le 1 de Septembre.

Oraifon à S.Gilles.

EVge ferue bone & fidelis, quia in pauca fuisti fidelis, fupra multa te conftituam, intra in gaudium Domini tui.

Verf. Ora pro nobis beate Pater Ægydi:.

Refponf. Vt digni efficiamur promiffionibus Chrifti.

Oremus.

DEus à quo beatitudo cæleftis & remuneratio largitur electis, prætende nobis gratiã tuam, vt beati Ægidij Confefforis tui interceffio gloriofa, & vitæ præfentis fuffragia & æterna nobis obtineat præmia præoptata. Per Chriftum Dominum noftrum. AMEN.

Sainct Laurent.

La fefte de S. Laurent, le 10 d'Aouft.

On va feruir S. Laurent à l'Hoftelerie pour la bruflure.

Oraifon à S. Laurent.

SAnctus Laurentius, dum in craticula fuperpofitus vreretur, ad impijffimum tyrannum

num dixit : Assatum est iam , versa & manduca: nam facultates Ecclesiæ , quas requiris , in cœlestes thesauros manus pauperum deportauerunt.

Vers. Leuita Laurentius bonũ opus operatus est.

Resp. Qui per signum crucis cœcos illuminauit.

Oremus.

DA quæsumus, omnipotens Deus, vitiorum nostrorum flammas extinguere, qui beato Laurentio tribuisti tormentorum suorum incendia superare. Per Christum Dominum nostrum. AMEN.

Sainct Fiacre.

La feste de S. Fiacre, le 30 d'Aoust.

On va seruir S. Fiacre à l'Hostellerie pour la dysenterie, que le menu peuple appelle Corêce.

Orayson à S. Fiacre.

QVi cuncta fabricasti, qui decorè coronasti Confessorem Fiacriũ: fac nos tibi sic seruire, vt ad eius peruenire mereamur consortiũ.

Vers. Ora pro nobis beate Fiacri.

Resp. Vt digni efficiamur promissionibus Christi.

Oremus.

MIsericordiam tuam quæsumus Domine, interueniente beato Fiacrio Confessore

tuo

tuo clementer impende, & nobis peccatoribus
ipfius propitiare fuffragijs.Per Chriftum Dominum noftrum. A M E N.

Les onze milles Vierges.

La fefte des onze milles Vierges le 21 d'Octobre.

Oraifon aux onze milles Vierges.

O Præclare vos puellæ, nunc implete meum
velle:vt dum mortis venit hora,fubuenite
fine mora.In tam graui tempeftate,me precantem defenfate,à dæmonum inftantia.
Verf. Pia Martyr Vrfula Sponfa Chrifti decora.
*Refp.*Cum tuis Sodalibus femper pro nobis ora.
Oremus.

D Eus qui affluentiffimæ bonitatis tuæ prudē-
cia beatiffimā Vrfulam cū vndecim millibus Virginū triūpho martyrij coronare dignatus es: cōcede propitius,vt earū precibus & meritis cum ipfis in æterna beatitudine collocari
mereamur.Per Chriftū Dominū noftrū.A M E N.

Oraifon commune à tous les Saincts, les Re-liques defquels font icy.

O Ramus te,Domine,per merita Sanctorum
tuorum, quorum reliquiæ hic funt,& omnium Sanctorum: vt indulgere digneris omnia
peccata noftra. A M E N.

L'Ab-

L'Abbaye de S. Ian.

EN l'Eglise Abbatiale, & Paroichiale de S. Iã, tenuë de Chanoines Reguliers de l'Ordre de S. Augustin, dediée a l'honneur de nostre Dame, S. Ian Baptiste, S. Ian Euangeliste & de S. Augustin, il y a:

Vne belle piece de la Saincte vraye Croix.

Vne ioincture de la main de Monsieur S. Ian Baptiste, Precurseur, & Martyr de Iesv Christ. Touchant quoy cecy est remarquable que l'an 1520 le iour de Sainct Barnabé, noz Valencenois firent grans feux de ioye, a-cause des bonnes nouuelles qu'ils auoient receües de l'heureuse election de Charles Quinte a l'Empire, & que ce iour la mesme, enuiron les dix a onze heures du soir, les falots ardants estant pendus au plus haut de la tour de S. Ian, pleins de poix allumée, vne tourte tomba sur vn hangart couuert de paille fait au leger, lequel en peu d'heures mit l'Eglise, le dortoir, le cloistre, les cloches, ornemens, & Reliques des Saincts en combustion, horsmis la susdicte ioincture qu'on retrouua sur l'autel toute entiere, sans aucun interest, parmy la cédre & l'argẽt fondu, pour seruir d'ornemẽt a la Ville de VALENCIENNE sa fidele Hostesse. C'est ceste ioincture que vous voyez en vn petit Reliquaire

E 4 faict

faict a la façon d'vne Remonstrance, au vase de
laquelle vous lisez ce beau vers graué d'vn charactere bien antique;

Hic summi Vatum digitum scitote locatum.

La Saincte vraye Croix.

L'Inuention de la Saincte Croix, le 3 de May.
L'Exaltation de la Saincte Croix , le 14 de
Septembre.

Orayson a la Saincte Croix.

O Crux venerabilis , quæ salutem attulisti
miseris, quibus te efferam preconijs, quo-
niam vitam nobis cælitem præparasti.
Verf. Adoramus te Christe, & benedicimus tibi.
Reff. Quia per Crucem tuam redemisti mundum.

Oremus.

D Omine Iesu Christe, fili Dei viui, pone
Passionem, Crucem, & mortem tuam inter iudicium tuum & animam meam, nunc &
in hora mortis meæ , & mihi largiri digneris
gratiam & misericordiam, viuis & defunctis requiem & veniam . Ecclesiæ tuæ pacem & concordiam , & nobis peccatoribus vitam & gloriã
sempiternam . Qui viuis & regnas in sæcula sæculorum. A M E N.

S.*Ian*

Sainct Ian Baptiste.

La Natiuité de S. Ian Baptiste, le 24 de Iuin.
La Decollation de Sainct Ian Baptiste, le 29
d'Aoust.

Orasson à S. Ian Baptiste.

INter natos mulierum non surrexit maior
Ioanne Baptista.
Vers. Fuit homo missus à Deo,
Resp. Cui nomen erat Ioannes.

Oremus.

PRæsta, quæsimus, Omnipotens Deus, vt fa-
milia tua per viam salutis incedat, & Beati
Ioannis Baptistæ hortamenta sectando, ad eum
quem prædixit secura perueniat Dominum nostrum Iesum Christum. A m e n.

La Paroiche de S. Gery.

EN l'Eglise de S. Gery, laquelle porte le nõ
de son Patron, il y a entre autres Reliques.
La coste de S. Gery Euesqre & Confesseur.
L'os du bras de S. Valentin Martyr.

Sainct Gery.

La feste de S. Gery est le 11 A'oust.

　　　　La

La fefte de la Cofte dudict Sainct, eft le 1 Dimanche de Feburier.

Orayfon à Sainct Gery.

MEritis facris & præcipuè exultantes patrocinijs Beati Gaugerici memoriam celebremus, vt nos ab angore fæculi exēptos gaudijs patriæ faciat intereffe cœleftis.
Verf. Amauit eum Dominus & ornauit eum.
Refp. Stolam gloriæ induit eum.

Oremus.

DA nobis æternæ confolationis Pater, per Beati Gaugerici Confefforis tui atque Pōtificis preces falutem mentis & corporis, vt tuis tota dilectione inhæreamus præceptis & quæ tibi placita funt, tota dilectione perficiamus. Per Chriftum Dominum noftrum. A M E N.

Sainct Valentin.

La fefte de S. Valentin, eft le 14 de Feburier.

Oraifon à S. Valentin.

SIquis mihi miniftrauerit, honorificabit eum Pater meus qui in cælis eft, dicit Dominus.
Verf. Iuftum deduxit Dominus per vias rectas.
Refp. Et oftendit ei regnum Dei.

Oremus.

Oremus.

PRæfta quæfumus omnipotens Deus, vt qui beati Valentini Martyris tui memoriam colimus,à cunctis malis imminentibus, eius interceffione liberemur . Per Chriftum Dominū noftrum. A M E N.

La Paroiche de la Cauchie.

EN l'Eglife de la Cauchie, dediée à l'honneur de noftre Dame, il y a

De la faincte vraye Croix, dans vne autre biē dorée, fupportée par deux Anges le tout d'argēt.

Des Reliques de S. Eftienne premier Martyr.

Autres de S. Chriftofle Martyr.

La faincte vraye Croix.

L'Inuention de la Saincte Croix le 3 de May.

L'Exaltation de la Saincte Croix , le 14 de Septembre.

Oraifon à la faincte Croix.

O Crux benedicta quæ fola fuifti digna portare talentū mundi : dulce lignum, dulces clauos,

clauos,dulcia ferens pondera : fupra omnia li-
gna cedrorum tu fola excelfior,in qua Chriftus
triumphauit , & mors mortem fuperauit in
æternum.

Verf. Adoramus te Chrifte,& benedicimus tibi.

Refp. Quia per Crucem tuam redemifti mundũ.

Oremus.

DOmine IESV CHRISTE, qui pro re-
demptione mundi , Crucis patibulum af-
cendifti , & fanguinem tuum preciofum in re-
miffionem peccatorum noftrorum fudifti : te
humiliter deprecamur,vt poft obitum noftrum
paradifi ianuas nos gaudenter introire concedas. Qui viuis & regnas in fæcula fæculorum.
AMEN.

Sainct Eftienne.

La fefte de S.Eftienne,le 26 de Decembre.
l'Inuention de S.Eftienne, le 3 d'Aouft.

Oraifon à S. Eftienne.

STephanus plenus gratia & fortitudine, fa-
ciebat figna magna in populo.

Verf. Stephanus vidit cælos apertos.

Refp. Vidit & introiuit,beatus homo cui cæli pa-
tebunt. **Oremus.**

DA nobis,quæfumus Domine , imitari quod
colimus, vt difcamus & inimicos diligere,
quia

quia eius memoriã celebramus, qui nouit etiam pro persecutoribus exorare Dominum noſtrũ IESVM CHRISTVM, filium tuum. AMEN.

Oraiſon à S. Chriſtofle.

QVi vult venire poſt me, abneget ſemet-ipſum, tollat crucem ſuã, & ſequatur me.

Verſ. Iuſtus vt palma florebit.

Reſp. Sicut cedrus Libani multiplicabitur.

Oremus.

PRæſta quæſumus omnipotens Deus, vt in-tercedente beato Chriſtophoro Martyre tuo, & à cunctis aduerſitatibus liberemur in corpore : & à prauis cogitationibus mundemur in mente. Per Chriſtum Dominum noſtrum. AMEN.

La feſte des Reliques.

ON celebre la feſte des Reliques ſuſdites & de pluſieurs autres le Mardy apres le deu-xieſme Dimanche de Careſme, auquel iour on faict l'office, & memoire particuliere de Sainct Eſtienne & de S. Chriſtofle Martyrs. Puis encor vne Proceſſion ſolemnelle par la paroiche cõ-tinuée depuis longues années comme il appert par les comptes finis de l'an 1456, reſeruez és termes de ladicte Egliſe, ou il eſt faict mention com-

comme le Secretaire du Reuerendiffime, de
Cambray vifita l'approbation des Reliques de
S. Eftienne, & S. Chriftofle, & d'autres encor, dô-
née par ledit Euefque de Cambray, & renouuel-
la le feel de ladiᶜte lettre, à-caufe que l'autre
eftoit brifé, & ce en prefence du Souffragant de
l'Euefque de Laon, du Doyen de Valencienne,
& de plufieurs gens d'Eglife en grand nombre. Puis lediᶜt Souffragant mit les fufdiᶜtes Reliques en la fiertre couuerte d'argent, & acheuée a ces fins l'an 1455, dé-la celebra la Meffe
folemnellement le deuxiefme Mardy du Ca-
refme qui tomboit lors au 24 de Feburier.
Ce qu'occafionna de continuer en apres la fefte & folemnité des Reliques le mefme iour.

*Orayfon commune à tous les Sainᶜts les Re-
liques defquels font icy honorées.*

Gaudent in cælis animæ fanᶜtorum, qui
Chrifti veftigia funt fecuti, & quia pro eius
amore, fanguinem fuum fuderunt ideo cum
Chrifto exultant fine fine.
Verf. Sanᶜti & iufti in Domino gaudete.
Reſp. Vos elegit Deus in hæreditatem fibi.

Oremus.

Omnipotens fempiterne Deus, qui fanᶜtorum tuorum es fplendor mirabilis, tribue

bñe fupplicibus tuis , vt tuorum pio interuentu Sanctorum , quorum gaudemus Reliquijs, ab
omnibus femper protegamur aduerfis . Per
Chriftum Dominum noftrum. A m e n.

La Salle de Comte.

L'Eglife Collegiale de la Salle le Comte dediée à l'honneur de noftre Dame garde
entre fes principaux threfors.

La moitié du bras de S. Marie Magdalene enchaffée en vn bras d'argent.

Le derriere de la tefte de S. Quentin Martyr,
mis en cuiure doré.

Sainĉte Marie Magdaleine.

La fefte de S. Marie Magdalene , le 22 de
Iuillet.

Oraifon à S. Marie Magda-
leine.

MVlier quæ erat in ciuitate peccatrix , vt
cognouit quod Lesvs accubuit in domo
Simonis Leprofi, attulit alabaftrum vnguenti
& ftans.

& stans retro secus pedes I E S V , lacrymis cœpit rigare pedes eius, & capillis capitis sui tergebat, & osculabatur pedes eius , & vnguento vngebat.

Vers. Elegit eam Deus,& prælegit eam.

Resp. In tabernaculo suo habitare fecit eam.

Oremus.

Beatæ Mariæ Magdalenæ quæsumus Domine suffragijs adiuuemur:cuius precibus exoratus quatriduanum fratrem Lazarum ab inferis resuscitasti . Qui viuis & regnas in sæcula sæculorum. A M E N.

Sainct Quentin.

La feste de S. Quentin, la veille de la Toussainct.

On le va seruir en cest Eglise pour les enflures des iambes, & d'autres parties du corps.

Oraison à S. Quentin.

O Christi martyr Sancte Quintine, qui pro Dei nomine certando, coronam æterni decoris meruisti:omnes tua celebrantes solemnia tuo interuentu gaudium in cœlo exultent se habere perpetuum.

Vers. Ora pro nobis Beate Quintine.

Respons. Vt digni efficiamur promissionibus Christi.

Oremus

Oremus.

DEvs qui Sancti Quintini mentem virtute constantiæ in passione roborasti:concede propitius, vt sicut ille deuicto persecutore à te coronari meruit:ita nos eius interuentione defensari, & ad æternæ beatitudinis gaudia peruenire mereamur. Per Christum Dominum nostrum. AMEN.

L'Eglise de S.Paul.

L'Eglise de S. Paul appartenante aux Religieux de l'Ordre de S. Dominique est dedíce à l'honneur de S.Piere & S.Paul Apostres, & garde entre ses Reliques les plus signalées.

Quelque parcelle de S. Piere Martyr de l'ordre dudict S.Dominique.

Quelque parcelle de S. Odile Vierge & Martyre Compagne de S.Vrsule.

Sainct Piere Martyr.

La feste de S.Piere Martyr, le 29.d'Auril.

On le va seruir à S. Paul pour les fiebures , & plusieurs y recourrent guerison mengeant du pain benyt,beuuant de l'eaue aussy benite selon

F les

les ceremonies de l'Eglise, dans laquelle ces Sainctes Reliques ont esté plongées. Cette ceremonie se faict particulierement le iour de S. Pierre Martyr, & lors on y accourre de toute la ville à grand' foule.

Orayson à S. Piere Martyr.

Iste sanctus pro lege Dei sui certauit vsque ad mortem, & à verbis impiorum non timuit: fundatus enim erat supra firmam petram.
Verf. Posuisti Domine super caput eius.
Resp. Coronam de lapide pretioso.

Oremus.

Præsta quæsumus omnipotens Deus, vt beati Petri Martyris tui fidem congrua deuotione sectemur: qui pro eiusdé fidei dilatatione Martyrij palmam meruit obtinere. Per Christum Dominum nostrum. AMEN.

Sainct Odile.

La Feste de S. Odile, le 21 d'Octobre.
La Translation de son corps de la Cimetiere de S. Gereö en Couloigne, au Conuét des Croysie en la Ville de Huy, est le 18 de Iuillet.
On la va seruir à S. Paul pour les petits enfans qui ont mal à la poitrine, & ne peuuent reposer.

Oraison

Oraifon à S. Odile.

VEni fponfa Chrifti, accipe coronam, quam
tibi Dominus præparauit in æternum.
Verf. Diffufa eft gratia in labijs tuis.
Ref. Propterea benedixit te Deus in æternum.

Oremus.

DEus qui nos beatæ Odilæ cōmemoratione
lætificas: da vt quam veneramur officio,
etiam charitatis & conftantiæ fequamur exéplo.
Per Chriftum Dominum noftrum. AMEN.

L'Eglife de S. François.

EN l'Eglife de S. François, tenuë de Peres
Recollects, cōfacrée en memoire de S.Piere
& S.Paul Apoftres, il y a
De la Saincte vraye Croix.
Le Corps de S. Victor Martyr.

La Saincte vraye Croix.

LA Saincte vraye Croix enchaffée richement & precieufement appartient aux Pelerins de Ierufalé, de laquelle on faict memoire

particuliere la deuxieme feste de Pasque, & la
porte-on à la Procession solemnellement.

L'an 1614.le 1 de May, ceste pretieuse Croix
fut plantée sur l'Autel de nostre Dame en vn
lieu propre pour estre veuë & honorée du peuple,auec vne deuote procession.

L'Oraison à la S.Croix.

O Crux splendidior cunctis astris, mundo
celebris, hominibus multùm amabilis,
sanctior vniuersis; quæ sola fuisti digna portare talentum mundi : dulce lignum , dulces clauos, dulcia ferens pondera : serua præsentem cateruam in tuis laudibus congregatam .

Vers. Hoc signum Crucis erit in cælo.

Resp. Cùm Dominus ad iudicandum venerit.

Oremus.

D Eus qui vnigeniti filij tui precioso sanguine viuificæ Crucis vexillum sanctificare voluisti : concede quæsumus, eos, qui eiusdem sanctæ Crucis gaudent honore,tua quoque
vbique protectione gaudere. Per Christum Dominum nostrum. A m e n.

Sainct

Sainct Victor.

L'Empereur Maximian commanda que Victor Martyr fust trainé, & tirassé deça & de-
la par les pieds auec vne corde en la ville de
Marseille. Et apres auoir esté ainsy tourmenté,
qu'il fut mis & r'enclos en prison à demy-mort,
ou estant rafreschy par la splendeur diuine il
conuertit ses gardes à la Foy, lesquels estant du
tout confirmez en icelle, l'Empereur fit mettre
à mort. Mais quant à Victor l'esleuant sur le
poullain à la question, il le fit fouëtter duremēt
auec nerfs & bastons, & puis derechef le remit
en prison. En apres le voulant cest Empereur
cruel faire adorer l'Idole de Iupiter qu'on luy
presenta, il l'abbatit de son pied, donnant par
ce moyen aux adorateurs occasion de s'en rire
& mocquer. Au reste ce Maximian se mon-
strant plus fort que son Dieu, l'en voulut ven-
ger, luy dy-ie, qui mesme n'auoit peut tant faire que de ne trebucher point. Apres donc qu'il
eut faict couper vn pied au Martyr Victor, il le
fit froisser & moudre entre les meulles de mou-
lin, & cela faict, comme il respiroit encore il
luy fit trancher la teste. Ainsy Victor obtint la
couronne de Martyre.

Vsuard au Martyrologe le 21 de Iuillet.

F 3　　　　*Le*

Le transport du Corps de S. Victor de Marseille, à l'Eglise de S. François en Valencienne.

L'An de nostre Seigneur 1215, le 12 apres la conuersion du Seraphique Pere S. François, le 8 deuant sa glorieuse mort, le bienheureux Pere Pacifique premier Ministre Prouincial de France enuoya en la Ville de Valencienne six Freres Mineurs à ce que par leur bon exemple & doctrine ils excitassent le peuple au seruice de Dieu, ce qu'ils firent auec si bonne grace qu'aussy tost Messieurs du Magistrat leur bastirent vn Conuent hors la porte Cambrisienne, tenant à la Chapelle qui s'y voit encor dediée à Sainct Barthelemy, le tout aux despens de la Ville. De-là en apres la bonne odeur de leur vie creust tellement que Ferrant de Portugal Marry de Ienne Comtesse de Flandres & Haynaut, tous deux d'vn accord leur dresserent vn autre beau & somptueux Conuent en la ville mesme, voire-mais dans le pourpris de leur Chasteau. Si tost que la maison fut acheuée, ils prierent le Pere S. François qu'il voulust permettre que ses Religieux s'y transportassent: mais le Sainct homme, amateur de la pauureté s'en excusa, disant
le ba-

le bastiment estre par trop magnifique pour
des Freres Mineurs. La Comtesse ne se contentant de cete response s'addressa au Pape,
& impetra facilement vn mandement expres
par lequel il luy commandoit d'accepter l'offre qu'on luy faisoit, aussy elle luy enuoya les
lettres Apostoliques, & le contraignit de con-
descendre à sa pieuse requeste. Le Pere He-
lie estoit lors Ministre General de l'ordre, aussy fit il le debuoir descrire aux Freres qui se
tenoyent à Sainct Barthelemy, qu'ils quittas-
sent bien tost cete vieille demeure, & qu'ils
s'en allassent prendre possession de ce beau
Logis que la deuote Comtesse leur auoit pre-
paré. L'an 1233, le Dimanche apres l'Inuention de la Saincte Croix au mois de May, la
mesme Comtesse fit benire l'Eglise, qu'elle
auoit faict bastir, & la dedia aux Apostres Sainct
Piere & Sainct Paul, & pour augmenter d'a-
uantage l'honneur elle y fit apporter vne belle fiertre riche & precieuse dans laquelle esto-
yent enserrez les Os de Sainct Victor Martyr, laquelle fut placée sur le Maistre-au-
tel iusqu'a ce que le nouueau Chœur fust acheué, & du depuis mis sur celuy de Sainct Ian.
Maintenant elle est exposée en la Chapelle du
Cordon.

La feste de Sainct Victor le 21 de Iuillet.

Le transport de son Corps en Valencienne,
le Dimenche apres l'Inuention de la S. Croix.

Orayson à S. Victor Martyr.

Omnis qui me confitebitur coram hominibus, confitebor & ego eum coram Patre meo, qui in cœlis est, dicit Dominus.

Verf. Posuisti Domine super caput eius.

Responf. Coronam de lapide pretioso.

Oremus.

Deus qui Beatum Victorem Martyrem tuum virtute constantiæ in Passione roborasti, ex eius nobis imitatione tribue pro amore tuo prospera mundi despicere, & nulla eius aduersa formidare. Per Christum Dominum nostrum. Amen.

L'Eglise des Carmes.

En l'Eglise des Peres & Religieux de nostre Dame du Mont des Carmes, dediée a leur bonne Patronesse il y a entre autres Reliques, principalement,

De la Saincte vraye Croix richement posée en vne autre Croix d'argent de iuste grandeur, artistement faicte, qui leur sert de banderolle a leur procession.

L'os

L'os entier du bras de S.Barbe Vierge & Martyr, quy ne cede en rien a la Croix, quant a la main d'œuure.

Quelque piece de S.Iulien Confeſſeur.

Quelques parcelles de S.Eloy Euesque & Cōfeſſeur, party enclauée en vn marteau, party portée par vne belle image, l'vn & l'autre d'argent.

La Saincte vraye Croix.

L'Inuention de la saincte Croix, le 3 de May.

L'Exaltation de la saincte Croix, le 14 de Septembre.

Orayson à la Saincte Croix.

O Crux gloriosa, O Crux adoranda, O Lignū præciosum, & admirabile signū, per quod diabolus eſt victus.

Verf. Hoc signum Crucis erit in cœlo,

Resp. Cùm Dominus ad iudicandum venerit.

Oremus.

DEus qui vexillo sanctæ Crucis nobis dona contulisti perpetuæ lucis, atque tui sanguinis effusione genus humanum redimere dignatus es, tribue quæsumus, vt qui in tua Cruce gloriamur, nunquam peccati iugo subdamur. Qui viuis & regnas in sæcula sæculorum. A M E N.

F 5   Orayson

Orayſon à Saincte Barbe.

GAude Barbara diuina, ſummè pollens in
doctrina, angeli myſterio.
Gaude Virgo Deo grata, quæ Baptiſtam inuitata
es, in vitæ ſtadio.
Gaude cùm te viſitauit, Chriſtus vita & curauit
plagas actu proprio.
Gaude quia meruiſti, impetrare quod petiſti,
dante Dei Filio.
Gaude namque eleuata es in cælo, & delata no-
bili martyrio.
Te laudantem familiam, trahe poſt te ad glo-
riam, finito exilio.
Verſ. Specie tua & pulchritudine tua.
Reſp. Intende proſpere procede & regna.

Oremus.

INterceſſio quæſumus, Domine, Beatę Barbarę
Virginis & Martyris tuæ ſemper nos adiuuet:
vt non ſubitò moriamur, ſed ante diem mortis
noſtræ ſanctiſſimi corporis, & ſanguinis Domini
noſtri ſacræq́; olei vnctionis ſacramētis ſalubri-
ter muniamur, & ad cœleſtia regna perducamur. Per Chriſtum Dominum noſtrum. AMEN.

Sainct Iulien.

La feſte de S. Iulien eſt le 13 de Feburier.
On le va ſeruir aux Carmes pour la gueriſon
des

des pustulles noires, & plusieurs s'y trouuët bien
beuuant de l'eaue benite à la façon de l'Eglise
Catholique, & touchée auec ladicte Relique.

Oraison à S. Iulien.

ALme Confessor Domini Iuliane, consors
sanctorum, conciuis cœlestiú, exaudi preces seruorum tuorú, sume vota supplicú, & pro
nobis Regé Regum posce Christum Dominú.
Verf. Ora pro nobis Sancte Iuliane.
Resp. Vt digni efficiamur promissionibus Christi.

Oremus.

DEus qui beato Iuliano hospitalitatis gratiam contulisti, da nobis per merita ip-
sius hospitium nostræ fragilitati congruum, &
tuæ maiestati acceptum. Per Christum Dominum nostrum. A M E N.

Sainct Eloy.

La feste de S. Eloy le 1 de Decembre, & le 25
de Iuin.
On le va seruir aux Carmes pour la courte
haleine ou la difficulté de respirer, que les menu peuple appelle les escourpes, dont les petits
enfants sont souuent affligez, quelque fois aussy
les grandes gens.

Oraison

Oraifon à S. Eloy.

EVge ferue bone & fidelis, quia in pauca fuisti fidelis, fupra multa te conftituam, dicit
Dominus.

Verf. Iuftum deduxit Dominus per vias rectas.

Refp. Et oftendit illi regnum Dei.

Oremus.

DEus qui animæ famuli tui Eligij æternæ
beatitudinis præmia contulifti: concede
propitius, vt qui peccatorum noftrorum ponde-
re premimur, eius apud te precibus fublcuemur.
Per Chriftum Dominum noftrum. AMEN.

Outre ceux icy.

Il y a encor d'autres Reliques.
Si comme

De S. Paul Apoftre.
De S. Luc Euangelifte.
De S. Eftienne Martyr.
De S. Laurent Martyr.
De S. George Martyr.
De S. Leger Martyr.
De l'Eftole S. Hubert Euefque & Confeffeur.
De S. Albert Confeffeur Carmelite.
De S. Simon Stoch Confeffeur Carmelite.
De S. Fiacre Confeffeur.

De

De S.Anne Mere de la Vierge Marie.
Des onze milles Vierges.

Sainct Albert.

La feste de S.Albert, est le 7 d'Aoust.

Oraison à S. Albert.

O Alberte norma munditiæ , puritatis &
continentiæ, ora Matrem misericordiæ,
vt in hac valle miseriæ, nos defendat à prauo
scelere, & exuto mortali corpore perfruamur
æterna requie.
Vers. Ora pro nobis Beate Pater Alberte.
Respons. Vt digni efficiamur Christi promis-
sione.

Oremus.

D Eus qui beatum Albertum Confessorem
tuum, spreto sæculo, ad almæ tuæ genitricis Mariæ religionem vocare dignatus es, tribue nobis quæsumus, vt eius meritis & exem-
plis dignè tibi seruientes , cum ipso in æterna
gloria perpetuo te perfrui mereamur.Per Christum Dominum nostrum. A M E N.

Sainct Simon Stoch.

La feste de S.Simon Stoch est le 16 de May.
Oraison

Oraison à S. Simon Stoch.

O Quàm venerandus es egregiè Confessor Christi Simon, qui terrena contempsisti, & cæli iamiam exultans petisti, modò victor fulges in virtute cœlesti, ideo te supplices exoramus vt intercedas pro nobis ad Dominũ Deum nostrum.

Vers. Iustus vt palma florebit.

Resp. Sicut Cedrus libani multiplicabitur.

Oremus.

C Lementissime Deus, qui sacrum ordinem Carmeli ingentibus priuilegijs decorasti, ac singulariter per tuam Genitricem beato Simoni Confessori tuo Carmelitanum habitum contulisti, concede propitius, vt ipso iugiter intercedente, scelerum veste deposita, virtutibus ornati, mereamur præclara immortalitatis stola adornari. Per Christum Dominum nostrum. AMEN.

Oraison commune a tous les autres Saincts sus-nommez.

O Ramus te Domine per merita sanctorum tuorũ, quorum reliquiæ hic sunt, vt indulgere digneris omnia peccata nostra.

Le Beguinage.

L'Eglise du Beguinage dediée & consacrée à Dieu soub le titre de S. Elizabeth Royne d Hongrie, & S. Marie Magdalene, est fort riche en Reliques, lesquelles sont si artistement compassées, & deuotement disposées, qu'on ne sçait quel de deux passe l'autre ou l'ouurage ou la deuotion. Les vnes sont portées par leurs images d'argent, les autres en autres compartimens, & d'autres encor enserrées dans des fiertres faictes à propos pour en faire parade à la Procession de la Ville.

Quant à la varieté, il y a des Reliques *des Apostres.*

S. André.
S. Iacques.
S. Thomas.
S. Philippe.
S. Barthelemy.
   Des Martyrs.
S. Estienne Diacre.
S. Sixte Pape.
S. Laurent Diacre.
S. Iouite Diacre.

S. Blaise Euesque.
S. Ianuier Euesque.
S. George Soldat.
S. Boniface Romain.
S. Desiré, Euesque.
S. Denis, Euesque.
S. Christofle.
SS. Geruais & Prothais.
SS. Marc & Marcelliã.

Des

Des Confesseurs.

S. Hierosme Prestre &
  Docteur.
S. Ambroise Euesque,
  & Docteur.
S. Nicolas Euesque.
S. Leon Pape.
S. Amand Euesque.
S. Eloy Euesque.
S. Gery Euesque.
S. Lambert Euesque.
S. Gerad Abbé.

S. François Fondateur
  des Freres Mineurs.
S. Montane Euesque de
  la Fere.
S. Arbogaste Euesque.
Des Vierges.
S. Barbe Martyr.
S. Lucie Martyr.
S. Agnes Martyr.
S. Vrsule & ses Compagnes Martyrs.
S. Gertrude Abbesse.

Sãs oublier les deux Patronesses de l'Eglise asçatoir S. Elizabeth Royne d'Hongrie & S. Marie Magdaleine, desquelles elle garde quelques ossemens. Cõme aussy de plusieurs autres que ie passe souz siléce pour n'estre si signalées, ou si faciles a nommer pour l'antiquité du Charactere.

Entre toutes, la principale est celle de S. Marcoul Abbé de Corbery & Confesseur, enchassée en argent qui porte son image; non ja pour sa grandeur, mais pour les guerisons que Dieu opere par icelle.

La feste de S. Marcoul est le 1 de May.

Item encor le 7 de Iuillet, & le 2 d'Octobre par quelque ordonnance ou fondation.

On vient seruir S. Marcoul de toutes parts pour les escrouëlles, pour toutes playes, enflures, & maux de gorge, aussy plusieurs en ont receu
                        la gue-

la guerison, faisant la neufuaine, c'est a dire: ve-
nant saluër S. Marcoul neuf fois de neuf Pater,
& de neuf Aue Maria, beuuant a chaque fois de
l'eaue benite à la façon de l'Eglise, touchée auec
la Relique du Bienheureux Sainct, de-là en apres
s'abstenant de manger, cecy asçauoir:

Des Aux, Oignons, Choux, Poix, Porreaux,
Chair de bœuf, Oyes, Oysons, Pigeons, & de tous
esgriuns iusqu'a ce qu'ils soyent gueris.

Item a toussiours s'abstenant de manger An-
guilles, Tanques, Bourbottes, Lamproyes & autres poissons limonneux.

Item de Cheure, Cannes, & ce quy en vient.

Item de toutes testes.

Item de Chiches & Lentilles.

Oraison à Sainct Marcoul.

O Marculphe Pater, famulis succurre potéter
Vt sani viuant, æternaque munera quærat,
Omnes & mundos facias conscendere cælos,
Dæmonis insidias calcent, peccamina vitent
Virtutes habeant, virtutum præmia captent,
Omnes & mundos facias conscendere cælos.
Gloria Patri, & Filio, & Spiritui sancto.
Omnes & mundos facias conscendere cælos.
Vers. Ora pro nobis beate Pater Marculphe.
Respons. Vt digni efficiamur promissionibus
Christi.

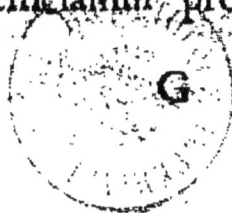

G   *Vers.*

Vers. Domine exaudi orationem meam.
Resp. Et clamor meus ad te veniat.

Oremus.

DA nobis æternæ côsolationis Pater per Beati Marculphi Côfessoris tui atque Abbatis preces, pacem & salutem mentis & corporis : vt tuis tota dilectione inhæreamus præceptis, & quæ tibi placita sunt tota dilectione perficiamus. Per Christum Dominum nostrum. AMEN.

La feste des Reliques.

LA feste des Reliques se faict le Dimanche apres l'Octaue des Apostres S. Piere & S. Paul auec l'office, Predication, & Procession solemnelle, continuée depuis longues années, côme il conste par les papiers de ladicte Eglise, ce qui dône preuue grande de la verité des Reliques, & confond ces nouueaux venus, enfans de Lucifer, Renegats de la vraye Foy, qui veulent prophaner les sainctes Reliques honnorées de noz Peres par tant de siecles.

Oraison cômune aux Saincts & Sainctes, les Reliques desquels sont icy honnorées.

SAncti Dei omnes intercedere dignemini pro nostra, omniumque salute.

Vers.

Verſ. Lætamini in Domino, & exultate iuſti.
Reſp. Et gloriamini omnes recti corde.

Oremus.

COncede quæſumus, Omnipotens Deus, vt
interceſſio Sanctæ Genitricis Mariæ, ſan-
ctorumque omnium, Apoſtolorum, Martyrum,
Confeſſorum atque Virginum, & omnium electorum quorum Reliquiæ hic ſunt, nos vbique
lætificet, vt dum eorum merita recolimus, patrocinia ſentiamus. Per Chriſtum Dominum
noſtrum. AMEN.

La Capelle des Sœurs griſes.

LA Chapelle des Sœurs griſes à pour Patron
titulaire apres Dieu & noſtre Dame, leur
bienheureux Pere Sainct François, en laquelle
nous trouuons.

Vn os de la teſte de S. Lucie Vierge & Martyr
Deux os des onzes milles Vierges.

Saincte Lucie.

La feſte de Saincte Lucie le 13 de Decembre.

Orai-

IN tua patientia possedisti animam tuam Lucia sponsa Christi: odisti quæ in mundo sunt, & coruscas cum Angelis: sanguine proprio inimicum vicisti.

℣. Diffusa est gratia in labijs tuis.

℟. Propterea benedixit te Deus in æternum.

Oremus.

EXaudi nos Deus salutaris noster, vt sicut nos de beatæ Luciæ Virginis &. Martyris tuæ commemoratione gaudemus: ita piæ deuotionis erudiamur affectu. Per Christum Dominum nostrum. Amen.

Les onze milles Vierges.

La feste des onze milles Vierges, est le 21 d'Octobre.

Oraison aux onze mille Vierges.

PRudentes Virgines aptate lampades vestras, ecce sponsus venit exite obuiam ei.

Vers. Adducentur Regi Virgines post eam.

Resp. Proximæ eius afferentur tibi.

Oremus.

DA nobis quæsumus Domine Deus noster sanctarum Virginum & Martyrum tua-
rum

rum palmas inceſſabili deuotione venerari, vt
quas digna mente non poſſumus celebrare, hū-
milibus ſaltem frequentemus obſequijs. Per
Chriſtum Dominum noſtrum. A M E N.

L'Eglise de la Compaignie de IESVS.

L'Egliſe de la Cópagnie de I E S V S dediée à
l'honneur de la glorieuſe Vierge Marie, eſt
bié furnie de ſainctes Reliques, dōt elle en doit
le grand-mercy à Dieu premieremét, puis apres
à la ſaiſon, qui a eſté plus calme que iadis. Or elle tient de bonne main.

1   Les corps de S. Seuerin & de ſon Compagnon Martyrs.

2   Vne teſte & vn os de la Compagnie des onze milles Vierges.

3   Vne teſte, vn bras, vne coſte, deux os, l'vn
de la iambe, l'autre de l'eſpaule des Martyrs de
Treues.

4   Vn os de la teſte d'vn des Compagnons de
S. Maurice, de la Legion des Thebeens.

Le

Le transport de S. Seuerin & de son Compa-
gnon Martyrs du Cimetiere , de Sainct
Priscille à l'Eglise des Peres de la
Compagnie de IESVS
à Valencienne.

LE Reuerend Pere Claude Aqquauiua General de la Compagnie de IBSVs, ayant esté
informé du Recteur du College de Valenciêne,
de l'affection que leur portoit toute la ville, il là
voulu rendre depositaire de deux saincts Corps
tirez du Cimetiere de Sainct Priscille , pour en
decorer l'Eglise , quelle leur auoit bastie il y a
quelques années.

L'an 1613, enuirô les Pasques les sainctes Reliques furêt entrousselées en petits pacquets, lesquelles quelques mois apres arriuerent à Tournay, & de-là furent transportées à Douay.

Monseigneur le Reuerendissime d'Arras s'y
troụua à intentiô de les recognoistre & exami-
ner. Ayãt donc recité l'hymne de *Veni Creator*
Spiritus au S. Esprit, pour obtenir sa direction &
lumiere, il visita les lettres du R.P. General au-
thorisé du S. Pere de Rome, les lettres de l'Illu-
strissime Cardinal Belarmin, & autres attesta-
tions plus-que suffisantes, & puis donna son approbation. De-là ayant pris quelque petite piece de chasque Corps, il se mit à genoux, les
reue-

reuera, & innoqua le premier.

L'Eglise de la Compagnie n'estoit pas encor
consacrée : il prit volontiers le loysir d'accom-
plir ces debuoirs: il se trouua à ces fins à Valencienne le 18 de Septembre, lequel escheoit au
Ieudy, le Vendredy il la dedia auec toutes les
ceremonies requises , & le lendemain il l'estre-
na, en y conferant les Ordres.

Nous voicy au Samedy , iour de l'entrée
& introduction des Saincts Corps en la Ville.
Quatre Prestres furent deputés pour aller au
Monastere de Denaing, ils y trouuerent les
Reliques y ayant porté les chasses reuestuës
de velour rouge façonné en broderie enri-
chies d'vn encouronnement d'argent , ornées de pomelles dorées ; l'vne portoit ceste inscription : *Sacrum corpus S. Seuerini Martyris* , & l'autre : *Corpus S. Martyris, è cœme-
terio Priscilla* . Les SS. Corps sortis de la Sacri-
stie, & mis sur l'Autel , au nutan du Chœur, on
chanta l'Hymne des Martyrs , puis suyuit vn
mot de predication sur le subiect. Incontinent
apres , les Peres reuestus de surplis chargerent
les Sainctes quaisses sur les espaules, & les ayant
disposées dans les Carosses ils se mirent en
chemin.

Le Clergé des Paroisses marchoit deuant
entonnát des Hymnes à la loüange des Saincts,
accosté d'vn monde de Paysans. Les Dames

ran-

rangées pres des Carosses, auec l'escorte de
leurs officiers & seruiteurs à cheual, conduisi-
rent les Reliques, le cierge en main à vne lieüe
de l'Eglise. Toute la noblesse quy auoit mis pied
à terre monta derechef à cheual au son de la
trompette, & apres quelques voltigemens & vi-
re-voltes, se rangea autour des Carosses.

Abordez que fusines à la banlieüe de Valenciennes, voicy en pleine campaigne vn escadron de quatre cents citoyens, tous gens d'esli-
te, rangez en bataille, tous en braue equipage, à
enseigne desployée, & tambours battans. A l'a-
bordée des Saincts Corps ils se prosternerent
tous en genoux, les piques hautes le bois, les
musquets sur leur fuse, les carosses & tout l'ar-
roy passé, il deschargerent gaillardement la
salue.

La foule pressoit tellement aux Fauxbourgs
qu'il ny auoit pas quasi de passage. A ce que riẽ
ne manqua à la solemnité, on mit le feu aux
pieces, & on deschargea le Canon sur les ramparts, qui fit vn grand tonnerre & brouissemẽt
de ioye.

Sa Seigneurie Reuerendissime, le Corps du
Magistrat, les Religieux d'Hasnon, & les Peres
de la Compagnie estoient à la porte de la Ville, ou ils receurent & accueillirent auec honneur les Saincts Corps. Quatre Recteurs porte-
rent les Chasses. On se mit en ordre de Procession

fion tirant vers l'Eglise de noſtre Dame la grande. Les maiſons eſtoient ornées de tapis, le pané des rues de ionchée. On voyoit contre-mont les ramparts comme des amphiteatres & mótaignes d'hommes en preſſe y amaſſez pour iouyr de la veüe de ce beau ſpectacle. L'air retentiſſoit de la melodie du chant.

Apres quelque eſpace on fit alte repoſant les Chaſſes ſur vn Autel dreſſé à ceſte fin. Ayant changé de porteurs on ſe remit à pourſuyure la route. Desja la troupe des citoyens armez s'eſtoit plantée aupres de l'Eglise de noſtre Dame la grande, bordant les deux coſtés de la rüe. Les Reliques entrées, ils redoublerent ſans eſpargne leurs muſquetades.

Vn Autel eſtoit hautement eſleué en ceſte Egliſe contre le chœur, dans vn pauillon où l'on montoit à neuf ou dix marches, ayans force cierges & flambeaux diſpoſez aux coſtez, là furent poſez les Saincts Corps, pour y eſtre gardez la nuict. La muſique fut chantée à trois chœurs, meſlez auec les orgues, haut-bois, clairons & autres inſtruments. On donna auſſy le *Te Deum laudamus* en muſique. Puis Monſeigneur le Reuerendiſſime, ayant leu l'Oraiſon cómune des Martyrs, ferma ceſte iournée auec ſa benediction. Quelques vns tát Religieux que ſeculiers par deuotion percerent toute la nuict pres des Corps des SS. Martyrs.

Le lendemain sur les neuf heures du matin la Procession commença a marcher en belle ordonnance. Les Orphelins habillés de la liurée de leurs fondateurs sortirent premiers de l'Eglise, puis ceux qui portoient les torches & flambeaux. Suiuoit vn petit enfant representant la personne de nostre Redempteur Iesvs, chef des Martyrs, lequel a commencé son martyre des le berceau, & l'a continué iusques à la Croix, laquelle il portoit, auec les autres instruments de sa passion dans vn coffin. Il estoit accompagné d'vn escadron de petits Soldats, c'estoient les ames des Martyrs, desquels les Reliques ont esté leuées du Cimetiere de Priscille. Apres vne bande de Sainctes Vierges & Martyrs du mesme Cimetiere. De-là S. Vrsule auec ses Compagnes, S. Maurice auec la Legion des Thebeens, tous auec leurs Lauriers de Victoire. *S. Seuerin* & son Compagnon estoient menez en triomphe sur vn chariot haut esleué, remply d'Anges, ou la *Felicité eternelle* leur tenoit vne couronne par-sus la teste. Huit cheuaux quy le tiroient, estoient monté, de personnages representants les vertus heroïques des Martyrs, auec certains Emblemes & significations.

On donna aux Reliques en la procession l'ordre quy leur appartenoit. Les Reuerends Peres Capuchins marchoient les premiers; puis le Conuent des RR. Peres Recollects; apres le
R. P.

R.P. Prouincial des Carmes auec fes Religieux,
en fuitte l'ordre de S. Dominique. Ceux de la
Compaignie auec le Clergé pres de leurs Reliques, portoient tous vn flambeau de cire blan-
che. Les Abbés, Chantres & Archidiacres eſto-
yent autour de fa Seigneurie Reuerendiſſime,
auec plufieurs autres perfonnes d'honneur.
Le Magiſtrat fuyuoit, & vn nombre infiny de
peuple.

On marcha par la ruë Capron à la Cam-
brifienne, de-là au marché puis de la place
Sainct Ian on fe rendit en l'Eglife de la Compagnie.

Il faifoit beau voir les ruës tapiſſées, ion-
chées en bas, croifées en haut de belle verdure. Les Autels & repofoirs eſtoient magnifique-
ment reueſtus, practiqués au milieu des rues,
aux endroits plus larges, à quatre colom-
nes difpofées en quatre, billebarrées de ru-
ban diuerfement coulourez, lefquelles fou-
ſtenoient vn poilé enrichy de varieté d'or-
nements.

Deuant la maifon de ville, vne Compagnie
de Mufquetiers receut la proceſſion auec vne
viue & chaude defcharge de leurs baſtons.

Arriuez qu'on fut à la longue ruë qui côduit
droit au College, on s'efmerueilla de la voir
toute tendüe d'vn efcarlat riche de deux cents
pourtraiture, faictes en emblemens, auec leurs
                                                    portes

portes triomphales, & iolys compartimēhts,
tranchez auec le pinceau en pointes de Dia-
mans, se r'apportant à la vertu Heroique & cō-
stance genereuse des Martyrs.

L'Eglise estoit ornées selon ce qu'il estoit seāt
à la solemnité du iour. On entre dedans. On de-
scharge les Chasses des Saincts Corps sur vn
Autel empauillōné d'vne couuerture de fueil-
lages couché sur vn fond blanc en Lozanges,
treillissé à l'étour de fleurs & de verdure, & par
tout illuminé de cierges. Elle estoit remplie de
la multitude de gens qui y vouloient apporter
leur deuotion, tant de la ville que de tous les
lieux voysins : Sa Seigneurie Reuerendissime
châta la Messe, Monsieur de Vicogne fit l'office
de Diacre, Monsieur de S. Ian de Soubs-Diacre.
L'Euangile chanté, suyuit la Predication. La
musique fut belle & pleine, accordée à trois
chœurs, auec les orgues, violons & autres instruments.

Apres midy on alla aux Vespres, & de-là, la
deuotion continua iusques a minuict. Cependant Monsieur le Preuost auec ses gens & Sta-
phiers s'en alla en personne le flābeau en main
mettre le feu dans vn bucher de ioye dressé au
marché deuant la maison de Ville. Vn autre
fut allumé deuant le portail de l'Eglise de la
Compagnie. L'Artillerie tonnoit sur les ramparts, les clairons & haut-bois sur le beffroy, la

trom-

trompette en l'vne de tours du College, vn doux bruit de feste & de resiouyssance couroit par la Ville. Les spectacles de feux artificiels qui sortoient d'vne tour du College apporterēt de l'admiration & playsir.

Ainsy fut conclue la iournée, non pas la deuotion laquelle continua toute l'Octaue, durāt laquelle les saincts Corps demeurerent sur l'Autel faict expres au mitan de l'Eglise. Car chacun y couroit donner le Chappelet, quelque-fois par douzaines pour toucher au Sainctes quaisses, cōme aussy des petits pains & des mouchoirs auec esperance d'en soulager les malades, Plusieurs aussy presenterēt des cierges à l'honneur des Saincts.

Le Lundy les Escoliers exhiberēt leur Tragicomedie. On y traicta la Purification du temple de Hierusalem moyennée par Iudas le Machabeé apres la profanatiō par Antiochus. Mōsieur le Prelat de Vicogne, donna les pris aux premiers des Classes, des liures vtils & biē choysis.

Le iour de l'Octaue l'encouronnemēt fut mis à l'œuure. Le tresreuerend Prelat de Crespin chāta la Messe. Apres le midy les Vespres acheuées on fit la processiō en l'Eglise, tous du College s'y trouuerent auec des surpris & flābeaux, les Reliques y furent portées & puis posées sur le Maistre Autel en lieu eminēt ou elles demeurent exposées.

Oraison.

Oraifon.

OR fus donc heureux champions de IESVS-CHRIST qui auez combatu en endurant, & en mourant, r'emporté la victoire, qui auez pris playfir à nous venir vifiter de fi loing, pour nous bien-heurer de voftre prefence, foyez noz protecteurs, garantiffez nous contre les embufches de noz ennemis vifibles & inuifibiles.

O SS. Martyrs que cefte ftipulation & accord demeure ferme entre vous & les habitants de Valenciennes, que nous honnorions noftre cômun Seigneur en voz Reliques, & receuions de luy, par voftre entremife, abondance de graces & benedictions. Ainfi foit il.

S. Seuerin & fon Compagnon.

La fefte de S. Seuerin & de fon Compagnon, le 2 Dimenche d'Octobre.

Oraifon a S. Seuerin & fon Compaignon.

ISti funt fancti, qui pro Chrifti amore minas hominum contempferunt : Sancti Martyres in regno cælorum exultant cum Angelis. O quàm prætiofa eft mors fanctorum, qui affiduè affiftunt ante Dominum : & ab inuicem non funt feparati.

Verf.

Vers. Exultabunt Sancti in gloria.
Resp. Lætabuntur in cubilibus suis.

Oremus.

Sanctorum Martyrum, tuorum Severini & socij eius, nos Domine, foveant continuata præsidia, quia non definis propitius intueri quos talibus auxilijs concesseris adiuuari. Per Christum Dominum nostrum. AMEN.

Les onzes milles Vierges, les Martyrs de Treues & les Thebeens.

Les Reliques de ces Saincts Martyrs ont esté apportées de Couloigne, de Treues & Luxembourg, auec le bon gré & consentement de ceux qui portent la clef, & données au College de Valencienne par les Superieurs de la Compagnie, comme il appert par les authentiques venants de Coulogne d'attées le 12 de Mars 1590, de Luxembourg le 19 d'Auril 1607, & de Treues le 19 de Iuin 1607, Veuës & approuuées par-deça par Guilleaume de Berghes, iadis Archeuesque de Cambray l'onziesme iour d'Aoust 1608, comme il conste par l'Original seelé du seel Archiepiscopal.

La Feste des Onzes Milles Vierges le 21 d'Octobre.

Orayson

Oraison aux onze mille Vierges.

O Præclaræ vos puellæ, nunc implete meum velle, & dum mortis venit hora, subuenite sine mora. In tam graui tempestate, me precantem defensate à dæmonum instantia.

Vers. Pia Martyr Vrsula, Sponsa Christi decora.

Resp. Cum tuis Sodalibus semper pro nobis ora.

Oremus.

DEus qui affluentissimæ bonitatis tuæ prudentia beatissimam Vrsulam cum vndecim millibus Virginum triumpho Martyrij coronare dignatus es: concede propitius, vt earum precibus & meritis cum ipsis in æterna beatitudine collocari mereamur. Per Christum Dominum nostrum. AMEN.

Les Martyrs de Treues.

La feste des Martyrs de Treues, le 6 d'Octobre.

Orayson aux Martyrs de Treues.

IStorum enim est regnum cælorum, qui contempserunt vitam mundi, & peruenerunt ad præmia regni, & lauerunt stolas suas in sanguine agni.

Vers. Sancti & iusti in Domino gaudete.

Resp. Vos elegit Deus in hæreditatem sibi.

Oremus.

Oremus.

PRæfta quæfumus omnipotens Deus, vt qui gloriofos Martyres fortes in fua confeffione cognouimus : pios apud te in noftra interceffione fentiamus. Per Chriftum Dominum noftrum. Amen.

S. Maurice & fes compagnons Martyrs.

LA fefte de S. Maurice & de fes compagnons Martyrs de la legion des Thebeens, le 22 de Septembre.

Oraifon à S. Maurice & fes Compagnons.

ISti funt triumphatores, & amici Dei, qui contemnentes iuffa Principum meruerunt præmia æterna. Modò coronantur & accipiunt palmam.

Verf. Prætiofa in confpectu Domini.

Reff. Mors Sanctorum eius.

Oremus.

PRæfta quæfumus, omnipotens Deus; vt ficut beatus Mauritius atque focij eius pro tui nominis gloria meruerunt victoriæ palmam : ita & nos fupplices eorum fefta celebrantes, participes gaudiorum effici mereamur. Per Chriftum Dominum noftrum. Amen.

H   LA

LA QVATRIESME PARTIE.

Aucuns exercices deuots par lesquels on peut honnorer les
Reliques des Sainçts.

AVANT-PROPOS.

Ovs pouuez honnorer les
Sainçts en leurs Reliques.

1. Les allant visiter quelque
fois en l'Eglise de nostre Dame
la grande ou es autres Eglises, ou
leurs Reliques reposent, par façon de pelerinage.

2. Allumant quelque cierge deuant elles.

3. Presentant des fleurs pour les poser sur
l'autel ou elles sont exposées, ou bien pour en
orner leurs fiertres.

4. Leurs

4. Leurs recommandant vous-mesmes, voz enfants, seruiteurs, seruantes, & toute voftre famile, d'autant qu'ils sont enuoyez de Dieu à Valencienne pour estre Protecteurs des habitans de la Ville.

5. Les inuoquant souuent pendant la iournée à ce qu'ils vous soyent en ayde : & principalement au matin deuant commencer voftre ouurage, les priant de vous donner vne bonne iournée ; & au soir auant reposer.

6. Recourrant vers eux es afflictions corporelles, temporelles, & spirituelles.

7. Ieusnant la veille de leurs Festes.

8. Oyant la Messe, la celebrant, ou la faisant celebrer, se confessant ou communiant quelque-fois à leur honneur.

9. Touchant, ou faisant toucher leurs fiertes auec le chapelet, par deuotion; ou auec du pain & mouchoir pour le soulas des malades.

10. Recitant cincq Pater & cincq Aue, le Chapelet, les sept Psaulmes, ou quelque autre priere à leur honneur.

11. Faisant tous les iours ou souuentefois profession de la Foy, & de vouloir viure & mourir bon Chrestien, les prenant pour voz tesmoings & Aduocats, deuant Dieu, au iour du iugement.

12. Tournant a-lentour du Chœur où elles font exposées recitant deuotement le Chapelet.

13. Faisant le grand tour de la Procession auec toute deuotion.

14. Allant saluër les Reliques de S. Seuerin & de son compaignon d'vn Pater & d'vn Aue Maria quand vous passez deuant l'Eglise des Iesuites, où elles sont exposées les neuf iours de la Procession.

15. Les Dimanches & Festes principalemēt si vous vous estes approché ce iour-là de la saincte Cōmunion, au lieu d'aller courir les ruës & ramparts, allant visiter les Eglises de la ville, & y saluant les sainctes Reliques, auec les Oraisons que i'ay mis en la troisiesme partie pour la deuotiō & consolation du peuple.

La maniere de faire deuotement le tour de la Procession.

HYMNE DV S. ESPRIT.

VENI Creator Spiritus,
Mentes tuorum visita
Imple superna gratia
Quæ tu creasti pectora.
Qui Paracletus diceris
Donum Dei altissimi,
Fons viuus, ignis, charitas,
Et spiritalis vnctio.
Tu septiformis munere,

Dextræ Dei tu digitus,
Tu ritè promiſſum Patris,
Sermone ditans guttura.

Accende lumen ſenſibus,
Infunde amorem cordibus,
Infirma noſtri corporis
Virtute firmans perpeti.

Hoſtem repellas longiùs,
Pacemque dones protinus:
Ductore ſic te præuio
Vitemus omne noxium.

Per te ſciamus da Patrem,
Noſcamus atque Filium,
Te vtriuſque Spiritum
Credamus omni tempore.

Sit laus Patri cum Filio,
Sancto ſimul Paracleto,
Nobiſque mittat Filius,
Chariſma ſancti Spiritus, Amen.

Verſ. Emitte Spiritum tuum & creabuntur.
Reſp. Et renouabis faciem terræ.

Oremus.

DEus qui corda fidelium, ſancti Spiritus il-
luſtratione docuiſti: da nobis in eodem
ſpiritu recta ſapere, & de eius ſemper conſola-
tione gaudere. Per Chriſtum Dominum noſtrum. Amen.

In

In nomine Patris, & Filij, & Spiritus
sancti, Amen.
A l'honneur de Dieu soit & au salut de
mon ame.
Dreſſez icy voſtre intention, pourquoy &
pour qui vous voulez faire ce pelerinage.

Pendant le tour.

VOus direz le Roſaire de noſtre Dame, qui
contient quinze dixaines, ou tout ſeul, ou
à la façon des Pſaulmes l'vn apres l'autre, ſi
vous auez quelque bonne compaignie, & de
fait c'eſt le Pſaultier de noſtre Dame conte-
nant cent & cincquante Aue Maria, non plus
ny moins que le Pſaultier de Dauid cent &
cincquante Pſaulmes.

Vous le pouuez diuiſer en trois couronnes,
c'eſt à dire : trois chapelets à cincq dixaines, &
les reciter par interual. ſicomme :

Depuis l'Egliſe iuſqua la porte.

REcitez la premiere couronne & meditez
à chaſque dizaine l'vn des myſteres
ioieux : aſçauoir

　1. L'Annonciation de l'Ange à noſtre
Dame,

2. La

A la dizaine
2. La Viſitation de ſaincte Elizabeth.
3. La Natiuité de noſtre Seigneur.
4. La Preſentation de noſtre Seigneur au au temple.
5. Quand il fut retrouué au temple entre les Docteurs.

A my-voye.

R Ecitez la deuxieſme couronne, & meditez à chaſque dizaine l'vn des cincq myſteres doloreux : aſcauoir

A la dizaine.
1. L'oraiſon de noſtre Seigneur au iardin.
2. La flagellation à la colomne.
4. Le portement de la croix à la montaigne de Caluaire.
5. Le crucifiement & mort de noſtre Seigneur.

Depuis la porte inſqu'à l'Egliſe.

R Ecitez la troiſieſme couronne, & meditez à chaque dizaine l'vn des myſteres glorieux, aſcauoir

A la dizaine
1. La Reſurrection de noſtre Seigneur.
2. Son Aſcenſion au ciel.
3. La venuë du ſainct Eſprit.
4. L'Aſſomption de noſtre Dame.
5. Son coronnement & exaltation par deſſus les chœurs des Anges.

H 4   Entre-

Entre-deux.

LIfez la Litanie de noftre Dame, ou celle des Saints les Reliques defquelles font lors en la ville.

Meditez de la gloire eternelle dont iouïffent les bien-heureux en Paradis.

Les Litanies de noftre Dame.

KYrie eleïfon.
Chrifte eleïfon.
Kyrie eleïfon.
Chrifte audi nos.
Chrifte exaudi nos.
Pater de cælis Deus, Miferere nobis.
Fili Redemptor mundi Deus, Miferere nobis.
Spiritus fancte Deus, Miferere nobis.
Sancta Trinitas vnus Deus, Miferere nobis.

Sancta Maria,	ora pro nobis.
Sancta Dei Genitrix,	ora.
Sancta Virgo Virginum,	ora.
Mater Chrifti,	ora.
Mater diuinæ gratiæ,	ora.
Mater puriffima,	ora.
Mater caftiffima,	ora.
Mater inuiolata,	ora.
Mater intemerata,	ora.
Mater amabilis,	ora.
Mater admirabilis,	ora.
Mater Creatoris,	ora.

Mater

Mater Saluatoris,	ora.
Virgo prudentissima,	ora.
Virgo veneranda,	orr.
Virgo prædicanda,	ora.
Virgo potens,	ora.
Virgo clemens,	ora.
Virgo fidelis,	ora.
Speculum iustitiæ,	ora.
Sedes sapientiæ,	ora.
Causa nostræ lætitiæ,	ora.
Vas spirituale,	ora.
Vas honorabile.	ora.
Vas insigne deuotionis,	ora.
Rosa mystica,	ora.
Turris Dauidica,	ora.
Turris eburnea,	ora.
Domus aurea,	ora.
Fœderis Arca.	ora.
Ianua Cœli,	ora.
Stella matutina,	ora.
Salus infirmorum,	ora.
Refugium peccatorum,	ora.
Consolatrix afflictorum,	ora.
Auxilium Christianorum,	ora.
Regina Angelorum,	ora.
Regina Patriarcharum,	ora.
Regina Prophetarum,	ora.
Regina Apostolorum,	ora.
Regina Martyrum,	ora,

Regi-

Regina Confefforum,   ora,
Regina Virginum,   ora.
Regina Sanctorum omnium,   ora.
Agnus Dei qui tollis peccata mundi, Parce no-
   bis Domine.
Agnus Dei qui tollis peccata mundi, Exaudi
   nos Domine.
Agnus Dei qui tollis peccata mundi, Miferere
   nobis.

Oremus.

GRatiam tuam, quæfumus Domine, mentibus noftris infunde : vt qui, Angelo nunciante, Chrifti
filij tui incarnationem cognouimus, per paffionem eius
& crucem, ad refurrectionis gloriam perducamur. Per
eumdem Chriftum Dominum noftrum. Amen.

Les Litanies des Sainćts, les Reliques def-quels font en la ville les huits iours de la Preceffion.

KYrie eleifon.
Chrifte eleifon.
Kyrie eleifon.
Chrifte audi nos.
Chrifte exaudi nos.
Pater de cælis Deus, Miferere nobis.
Fili Redemptor mundi Deus, Miferere nobis.
Spiritus fanćte Deus, Miferere nobis.
Sanćta Trinitas vnus Deus, Miferere nobis.
Sanćta Maria,
                                        ora pro nobis.
                                              Sanćte

Sancta Dei Genitrix, ora.
Sancta Virgo Virginum, ora.
Sancte Ioannes Baptista, ora.
Omnes sancti Patriarchæ & Prophetæ, orate.
Sancte Petre, ora.
Sancte Paule, ora.
Sancte Andræa, ora.
Sancte Iacobe, ora.
Sancte Thoma, ora.
Sancte Bartholomæe, ora.
Sancte Luca, ora.
Omnes Sancti Apostoli & Euangelistæ, orate
Omnes Sancti Innocentes, orate.
Sancte Stephane, ora.
Sancte Laurenti, ora.
Sancte Sixte, ora.
Sancte Dionysi, ora.
Sancte Sebastiane, ora.
Sancte Blasi, ora.
Sancte Adriane, ora.
Sancte Victor. ora.
Sancte Honorate, ora.
Sancte Christophore, ora.
Sancte Georgi, ora.
Sancte Demetri, ora.
Sancte Quintine. ora.
Sancte Ianuarj, ora.
Sancte Petre Martyr, ora.
Sancte Bonifaci, ora.
Sancte

Sancte Defideri,   ora.
Sancte Leodegari,   ora.
Sancti Marcelline & Petre,   orate pro nobis.
Sancti Geruafi & Prothafi,   orate.
Sancti Marce & Marcelliane,   orate.
SS. Saluj & Superi,   orate.
Sancte Mauritj cum fociis,   orate.
Sancti Seuerine cum focio,   orate.
Sancti innumerabiles Martyres , orate pro
  nobis.
Omnes fancti Martyres,   orate.
Sancte Gregorj,   ora.
Sancte Ambrofi,   ora.
Sancte Hieronyme,   ora.
Sancte Eugeni,   ora.
Sancte Leo,   ora.
Sancte Martine,   ora.
Sancte Nicolae,   ora.
Sancte Eligi,   ora.
Sancte Amande,   ora.
Sancte Wafnulphe,   ora.
Sancte Hugo,   ora,
Sancte Amate,   ora,
Sancte Lamberte,   ora.
Sancte Huberte,   ora.
Sancte Gaugerice,   ora.
Sancte Montane,   ora.
Sancte Arbogafte,   ora.
Sancte Leonarde,   ora.
                                                Omnes

Omnes sancti Pontifices & Confessores , orate pro nobis.

Omnes sancti Doctores,	orate.
Sancte Antonj,	ora.
Sancte Macharj,	ora.
Sancte Ægidj,	ora.
Sancte Alberte.	ora.
Sancte Simon Stoch.	ora.
Sancte Aychadre,	ora.
Sancte Landeline,	ora.
Sancte Adeline,	ora.
Sancte Domitiane,	ora.
Sancte Aiberte,	ora.
Sancte Francisce,	ora.
Sancte Marculphe,	ora.
Sancte Gerarde,	ora.
Sancte Fiacri,	ora.

Omnes sancti Sacerdotes & Leuitæ , orate pro nobis.

Omnes sancti Monachi & Eremitæ , orate pro nobis.

Sancte Ioseph ab Arimathia,	ora.
Sancte Iuliane,	ora.
Sancte Aldeberte,	ora.
Sancte Drogo,	ora.
Omnes sancti Laici,	orate pro nobis.
Sancta Anna,	ora.
Sancta Maria Magdalena,	ora.

Sancta

Sancta Agatha,   ora.
Sancta Lucia,   ora.
Sancta Agnes,   ora.
Sancta Barbara,   ora.
Sancta Sabina,   ora.
Sancta Vrsula cum sodalibus tuis,   ora.
Sancta Monica.   ora.
Sancta Odilia,   ora.
Sancta Regina,   ora.
Sancta Regenfredis.   ora.
Sancta Gertrudis,   ora.
Sancta Rictrudis,   ora.
Sancta Elizabeth,   ora.
Omnes Sanctæ Virgines & Viduæ,   orate pro.
Omnes Sancti & Sanctæ Dei, Intercedite pro
  nobis.
Propitius esto,   Parce nobis Domine.
Propitius esto,   Exaudi nos Domine.
Ab omni malo,   Libera nos Domine.
Ab omni peccato,   Libera.
Ab ira tua,   Libera.
A subitanea & improuisa morte,   Libera nos.
Ab insidiis diaboli,   Libera.
Ab ira & odio & omni mala voluntate, Libera.
A spiritu fornicationis,   Libera.
A fulgure & tempestate,   Libera.
A morte perpetua,   Libera.
Per mysterium sanctæ incarnationis tuæ,Libera.
Per aduentum tuum,   Libera.
                                         Per

Per natiuitatem tuam,   Libera.

Per baptifmum & fanɛtum ieiunium tuum,Lib.

Per Crucem & paffionem tuam,   Libera.

Per mortem & fepulturam tuam,   Libera nos.

Per fanɛtam refurreɛtionem tuam,   Libera nos.

Per admirabilem Afcenfionem tuam,   Libera.

Per aduentum fpiritus fanɛti paracliti,   Libera.

In die Iudicij,   Libera.

Peccatores,   Te rogamus audi nos.

Vt nobis parcas,   Te rogamus.

Vt nobis indulgeas,   Te rogamus.

Vt ad veram pœnitentiam nos perducere digneris,   Te rogamus.

Vt Ecclefiam tuam fanɛtam regere & conferuare digneris.   Te rogamus.

Vt inimicos fanɛtæ Ecclefiæ humiliare digneris,   Te rogamus.

Vt Domnum Apoftolicum, & omnes Ecclefiafticos ordines in fanɛta religione conferuare digneris,   Te rogamus.

Vt Regibus & Principibus Chriftianis pacem veram concordiam donare digneris. Te rog.

Vt cunɛto populo Chriftiano pacem & vnitatem largiri digneris.   Te rogamus.

Vt nofmetipfos in tuo fanɛto feruitio confortare & conferuare digneris,   Te rogamus.

Vt mentes noftras ad cœleftia defideria erigas. Te rogamus audi nos.

Vt omnibus benefaɛtoribus noftris fempiternæ
                       bona

bona retribuas,   Te rogamus.

Vt animas noſtras, fratrum, propinquorum, & benefactorum noſtrorum ab æterna damnatione eripias,   Te rogamus.

Vt fructus terræ dare & conſeruare digneris, Te rogamus audi nos.

Yt omnibus fidelibus defunctis requiem æternam donare digneris,   Te rogamus.

Vt nos exaudire digneris,   Te rogamus.

Fili Dei,   Te rogamus audi nos.

Agnus Dei qui tollis peccata mundi, Parce nobis Domine.

Agnus Dei qui tollis peccata mundi, Exaudi nos Domine.

Agnus Dei qui tollis peccata mundi, Miſerere nobis.

Chriſte audi nos.

Chriſte exaudi nos.

Kyrie eleyſon,

Chriſte eleyſon.

Kyrie eleyſon.

Pater noſter, &c.

   Verſ. Et ne nos inducas in tentationem.

   Reſp. Sed libera nos à malo.

   Verſ. Domine exaudi orationem meam.

   Reſp. Et clamor meus ad te veniat.

                        Oremus,

Oremus.

COncede quæſumus, omnipotens Deus, vt interceſſio ſanɛtæ Genitricis Mariæ, Sanɛtorumɠue omnium Apoſtolorum, Martyrum, Confeſſorum atque Virginum & Electorum omnium quorum gaudemus reliquijs, nos & vbique lætificet, vt dum eorum merita recólimus, patrocinia ſentiamus. Per Chriſtum Dominum noſtrum. Amen.

Meditation du Paradis.

COnſiderez 1. La ſplendeur, la beauté, & la grandeur de Paradis.

2. La grande ioye de voir la tres-ſainɛte Trinité, fontaine de tout bien.

3. Voir IESVS-CHRIST Roy des Cieux, en ſa Maieſté.

4. Sa tres-heureuſe Mere à ſa dextre ſur tous les hommes & les Anges.

5. Iouyr de la treſ-ſuaue conuerſation des Sainɛts.

6. Voir ſon corps impaſſible, clair, agile, & ſubtil.

7. Son ame embellie & enrichie de ſes douaires, viſion, & iouyſſance.

8. Iouyr de tant de biens & ſi pretieux, quæ iamais œil n'a veu, ny oreille ouy, ny entendement penſé.

I　9. Voir

9. Voir deffoubs fes pieds le monde, & les horribles demons que vous auez vaincu par la faueur diuine.

10. Voir les damnez & les peines d'enfer que vous auez efchappé par fa grace.

11. Voir fur fa tefte la gloire eternelle que vous auez acquis par les merites de I E S V S-C'H R I S T.

12. Les fruits trefabondants de voftre penitence, & de voz bonnes œuures.

13. Vous refiouyr autant, des biens de chacun de ceux qui font en Paradis, comme de propres.

14. Receuoir vn plaifir incroyable en chacun de voz fentiments.

15. Voir Dieu fans ceffe, l'aymer fans ennuy, & loüer fans fin.

16. Confiderez que la poffeffion de tous ces biens eft trefaffeurée, & ne finira iamais.

17. Penfez combien malheureux eft celuy, qui pour vn vain plaifir fe priue de tant de biens.

18. Qu'eft-ce qu'il vous faut faire pour acquerir fi grande ioye & felicité.

19. Que voudriez vous auoir faict à l'article de la mort.

20. Que voudriez vous auoir fait au iour du iugement.

21. Promettez à Dieu de mieux viure à l'aduenir

uenir, & de vous garder des offenses passées, telles & telles en particulier.

Le tour acheué, mettez vous à genoux
les mains ioinctes, & dites :

TE Deum laudamus, te Dominum confitemur.

Te æternum Patrem omnis terra veneratur.

Tibi omnes Angeli, tibi cœli & vniuersæ potestates.

Tibi Cherubim & Seraphim incessabili voce proclamant.

Sanctus, Sanctus, Sanctus : Dominus Deus Sabaoth.

Pleni sunt cœli & terra Maiestatis gloriæ tuæ.

Te gloriosus Apostolorum chorus.

Te Prophetarum laudabilis numerus.

Te Martyrum candidatus, laudat exercitus.

Te per orbem terrarum sancta confitetur Ecclesia.

Patrem immensæ maiestatis.

Venerandum tuum verum, & vnicum filium.

Sanctum quoque Paraclitum Spiritum.

I 2 Tu

Tu Rex gloriæ Christe.

Tu Patris sempiternus es filius.

Tu ad liberandum suscepturus hominem, non horruisti Virginis vterum.

Tu deuicto mortis aculeo aperuisti credentibus regna cœlorum.

Tu ad dexteram Dei sedes in gloria Patris.

Iudex crederis esse venturus.

Te ergo quæsumus famulis tuis subueni, quos prætioso sanguine redemisti.

Æterna fac cum sanctis tuis in gloria numerari.

Saluum fac populum tuum Domine, & benedic hæreditati tuæ.

Et rege illos, & extolle illos vsque in æternū.

Per singulos dies benedicimus te.

Et laudamus nomen tuum in sæculū sæculi.

Dignare Domine die isto sine peccato nos custodire.

Miserere nostri Domine, miserere nostri.

Fiat misericordia tua Domine super nos, quemadmodum sperauimus in te.

In te Domine speraui non confundar in æternum.

Oraison à nostre Dame.

SAlue Regina, mater misericordiæ, Vita, dulcedo, & spes nostra salue. Ad te clamamus exules filij Euæ. Ad te suspiramus gementes & flentes

flentes in hac lachrymarum valle. Eya ergo
Aduocata noſtra illos tuos miſericordes oculos
ad nos conuerte. Et IESVM benedictum fru-
ctum ventris tui nobis poſt hoc exilium oſten-
de. O clemens. O pia. O dulcis Virgo Maria.

Verſ. Dignare me laudare te Virgo ſacrata.
Reſp. Da mihi virtutem contra hoſtes tuos.

Oremus.

COncede nos famulos tuos quæſumus, Domine Deus, perpetua mentis & corporis
ſanitate gaudere, & glorioſa Beatę Mariæ ſemper Virginis interceſſione à præſenti liberari
triſtitia, & æterna perfrui lætitia. Per Chriſtum
Dominum noſtrum. Amen.

Oraiſon à tous les Sainɛts.

GAudent in cœlis animæ Sanctorum qui
Chriſti veſtigia ſunt ſecuti, & quia pro
eius amore ſanguinem ſuam fuderunt, ideò
cum Chriſto exultant ſine fine.

Verſ. Lætamini in Domino, & exultate iuſti.
Reſp. Et gloriamini omnes recti corde.

Oremus.

OMnipotens ſempiterne Deus, qui Sanctorum tuorum es ſplendor mirabilis, tribue

ſuppli-

supplicibus tuis, vt tuorum pio interuentu Sanctorum, quorum gaudemus Reliquijs, ab omnibus semper protegamur aduersis. Per Christum Dominum nostrum. Amen.

Diuinum auxilium maneat semper nobis-
cum, Amen.

Oraison commune à tous les Sainéts.

SEigneur Dieu nous vous prions que tous
voz Sainéts, les Reliques desquels reposent
en ceste Eglise, nous aydent en tout lieu, & nous
esiouyssent par leur intercession, affin que cependant que nous rememorions leurs merites,
nous sentions leur ayde & secours. Octroyez
nous aussi la paix en nostre têps, & reiettés toute
meschãceté de vostre Eglise. Conduisez nostre
chemin, noz actions & volontez en toutes choses salutaires. Donnez lês biens eternels à noz
bienfaicteurs, & octroyez le repos eternel à
tous fidels trespassez. Par nostre Seigneur Iesus
Christ vostre Filz. Ainsi soit-il.

Oraison quand la personne se trou-
ue en tribulation.

OGlorieux amys de Dieu, qui estãt enflam-
bez de l'amour de IESVS-CHRIST, auez si
patiẽment enduré les afflictions & persecutions
que finalement vous estes arriuez au port de salut, où il n'y a nul douleur ny angoisse : Ie vous
prie, qu'il vous plaise d'interceder à Dieu pour
moy

moy, affin que par voz merites & prieres, ie
puiſſe eſtre deliuré de toute affliction d'eſprit,
comme de puſillanimité, doute, deſeſpoir, d'er-
reur, indeuotion, & autres ſemblables maux
ſpirituels: & de toute affliction corporelle & té-
porelle, tant en mon regard, qu'alēdroit de mes
parents, amys, & familiers, comme de maladie,
peſte, famine, perte de biens ; & finalement de
toutes aduerſitez que i'endure à preſent, ou qu'il
plairoit à Dieu m'ēuoyer, affin que les ſouffrant
patiemment, & pour ſon amour, ie puiſſe paſſer
de ceſte tribulation à la gloire eternelle, pour
eſtre auec vous quitte & affranchy de tout mal.
Par IESVS-CHRIST, noſtre Sauueur.

Oraiſon pour vn malade.

NOſtre bon Dieu, Sauueur & Pere, Createur
& cōſeruateur, diſpoſez par voſtre grace le
cœur de ce malade, pour lequel ie viens reclamer voz Sainѣs, à receuoir paiſiblement la gra-
cieuſe & paternelle correctiō que vous luy auez
enuoyée, qu'il l'ēdure patiément en obeiſſance
volontaire, ſe ſoubmettāt de bon gré & de tout
ſon cœur à voſtre beneuolēce, par laquelle vous
le viſitez en ceſte façon pour ſon prouffit & ſa-
lut : Si voſtre bō plaiſir eſtoit de le laiſſer viure
encor en ce monde, vueillez luy augmēter voz
graces, à fin qu'il puiſſe faire plus grāde penité-
cē de ſes pechez, & pour vous mieux ſeruir, voi-
rē à fin de ſe cōformer tant plus diligēment à la

I 4   vie

vie & exēplaire de voftre Fils IESVS-CHRIST,
& de tous les Sainēts. Si toutesfois vous auez or-
dōné de le retirer de monde pour le colloquer
chez vous , vueillez l'affifter en toutes fes an-
goiffes & douleurs,& quand fa langue & fa voix
ne pourront faire leur office à vous reclamer à
tel befoin, qu'il vous plaife alors efleuer fon
cœur pour le faire afpirer à vous qui eftes la
fource de tout bien, & engrauez en fon cœur
les promeffes que vous luy auez faites en voftre Filz IESVS-CHRIST noftre Seigneur,
craignant qu'il ne tombe en quelque defefpoir
ou deffiance de voftre mifericorde, ains qu'il
demeure iufques au dernier foufpir ferme &
conftant contre tous les troubles que l'ennemy
de noftre falut pourroit faire en fa confcience,
& qu'en mourrant il puiffe de cœur & d'affection reclamer ce tant doux & confolatif nom
IESVS.

Oraifon pour la ville de Valencienne.

O Glorieux Sainēts deuant lefquels me voicy à genoux, embraffez la caufe de voz
Valencenois, prenez les en voftre protection :
gardez, defendez & prefentez la Ville & toute
la bourgeoife, qui vous recognoit pour ceux
qui præfentent à Dieu fes oraifons & prieres.
Gardez, defendez & preferuez ce peuple de
toute

toute fauſſe doctrine, hereſie, inuaſions d'ennemys, incurſions, trahiſons, embuſches, famine,
peſtilence, & de tous autres encombriers. Sup-
pliez à la Majeſté diuine, que ce peuple racheté
du precieux ſang de IESVS-CHRIST, iamais ne quitte la Foy, ne meſpriſe la Loy,& ne
ſe retire de l'Egliſe, en laquelle vous auez per-
ſeueré iuſqu'à la mort. *Par le meſme* IESVS-
CHRIST *noſtre Sauueur.* Ainſi ſoit-il.

Oraiſon pour tous eſtats.

O Seigneur Dieu, nous-vous prions pour
l'Egliſe, laquelle vous auez acquis par le
precieux ſang de voſtre Filz IESVS-CHRIST,
qu'il vous plaiſe la garder en repos & tranquillité iuſques à la conſommation du monde. Par
l'interceſſion des Saincts les Reliques deſquels
i'honnore à deux genoux. Amen.

O Seigneur Dieu, nous vous prions pour le
S. Pere le Pape, & pour tous les Prelats & Paſteurs de l'Egliſe Catholique, ſpecialement
pour ceux qui ont charge de noz ames, pour les
Ordres Monaſtiques & Religieux, & pour tous
les Eccleſiaſtiques, qu'il vous plaiſe les remplir
de voſtre Eſprit ſainct, affin qu'ils puiſſent per-
ſeuerer en bonnes œuures, & par leur predication & vie exemplaire conduire le peuple à la
vie eternelle. Par l'interceſſion des Saincts les

Reli-

Reliques desquels i'honnore à deux genoux.
Amen.

O Seigneur Dieu, nous vous prions pour l'Empereur, pour les Roys & Princes Catholiques, & specialement pour nostre Prince, & sa femme nostre Princesse, pour le Preuost, Eschetins, Iurez, Conseil, & tout le Magistrat de ceste Ville; faites reluire sur eux vostre sapience & vertu, affin qu'ils gouuernent leurs subiects en bonne paix par amour & iustice. Par l'intercession des Saincts les reliques desquels i'honnore à deux genoux. Amen.

O Seigneur Dieu, nous vous prions pour les armées des Princes Chrestiens & Catholiques, contre les Turcqs & Heretiques, affin qu'estans maintenus en paix & tranquillité, nous vous puissions glorifier & fidelement seruir. Par l'intercession des Saincts, les Reliques desquels i'honnore à deux genoux. Amen.

O Seigneur Dieu, nous vous prions pour noz parés & amys, pour ceux qui nous ont fait quelque bien & plaisir, affin que vous leur octroyez la vie eternelle pour l'amour de vostre sainct nom. Par l'intercession des Saincts, les Reliques desquels i'honnore à deux genoux. Amen.

O Seigneur Dieu, nous vous prions pour tous fouruoiez & seduits, à ce q̃ delaissans leurs fausses opinions, ilz soyent par vostre grace r'amenez au giron de vostre Eglise, & à l'vnion de la

vraye

vraye Foy Catholique. Par l'intercession des Saincts, les Reliques desquels i'honnore à deux genoux. Amen.

O Seigneur Dieu nous vous prions pour tous les habitãs de ceste Ville, tant ieunes que vieux, hommes que femmes, gardez les de toute aduersité tant en l'ame comme aux corps; donnez aux Vierges chasteté, aux mariez saincteté, aux pauures & orphelins protection, aux malades guerison, consolation aux tristes & desolez, aux pecheurs contrition & repentance; A moy vostre pauure & humble creature cognoissance de moy-mesme, amendement de vie, & perseuerance en bien. Finablement, mon Dieu, donnez à tous fideles viuants & trespassez la vie & repos perdurable. Par l'intercession des Saincts, les Reliques desquels i'honnore à deux genoux. Amen.

Acte de cõtrition pour le soir auant coucher.

MOn Seigneur IESVS-CHRIST, vray Dieu & vray hõme, qui estes mon Createur & mon Redempteur, ie suis marry de tout mon cœur de vous auoir offensé, & ce à cause que vous estes mon Dieu, & d'autãt que ie vous ayme pardessus toutes choses, ie propose fermemẽt de iamais plus ne vous offenser, & de m'esloigner de toutes les occasions de peché. Ie propose aussi de me confesser, & faire la penitence qui me sera imposée. De plus, ie vous offre

en

en satisfaction de tous mes pechez, ma vie, mes trauaux, & toutes les bonnes œuures que ie feray. Et comme ie vous demande bien humblement pardon de mes pechez, aussi espere-ie en vostre bonté & misericorde infinie, que vous me les pardonnerez tous par les merites de vostre tresprecieux sang, mort, & Passion, & me donnerez la grace de m'en amender, & perseuerer iusques à la fin. Amen.

Protestation de vouloir viure & meurir bon Chrestien, pour le matin principalement.

IE N. pecheur tres-indigne, racheté du sang precieux de mon Seigneur IESVS-CHRIST, aduoüe & proteste franchement que ie pardonne d'affection cordiale à tous ceux lesquels en façon que ce soit m'ont fait quelque tort, ou apporté fascherie; Aussi supplie-ie tres-humblement à toutes personnes, presentes, ou absentes, de me vouloir pardonner reciproquement ce en quoy ie les puis auoir offensé. Ie recognoy quæ iusqu'à ceste heure ie n'ay pas cheminé si droitement que ie deuoy en la presence de mon Dieu. Ie recognoy mes pechez qui sont par trop multipliez. Ie recognoy encor mes fautes & negligences desquelles le nombre est infiny. Ie recognoy tout ce que durant

le

le cours de ma vie i'ay mesfait. Ie le recognoy,
& d'vn cœur humilié ie vous en demande pardon, ô mon Dieu, fontaine de misericorde,
marry de vous auoir iamais offensé, & propo-
sant de fuyr d'icy en auant les pechez la cou-
stume & les occasions qui m'y portent. Ha! qu'à
la mienne volonté que de ma vie ie n'eusse offensé ceste bouté diuine! voir ie voudroy, s'il
m'estoit possible, en tesmoignage de ma repentance, verser de mes yeux & de tout mon corps
vne pluye de sang pour les fautes & excez que
i'ay commis. Iaçoit neantmoins que i'ay souuent & grandement peché, si est-ce que ie ne
me desfie de la toute puissance & misericorde
infinie de mon Sauueur, ains i'espere que par sa
mort & passion (non par mes merites) ie seray
fait heritier de la vie eternelle. Ie prens doncq'
que sa sacrée Passion pour vne forteresse tres-
asseurée. Ie l'oppose à mes ennemys inuisibles
à toute heure & en tout lieu comme vn bou-
clier à l'espreuue. Ie l'offre encor à la sainⅽte
Trinité en payement des merites qui me man-
quent, & satisfaction pour mes pechez.

Ie croy en Dieu le Pere tout-puissant, Createur
du ciel & de la terre. Et en IESVS-CHRIST
son Filz vnique nostre Seigneur. Lequel a esté con-
çeu du S. Esprit, né de la Vierge MARIE. *Qui*
a souffert soubs Ponce Pilate, a esté crucifié, mort
& enseuely. Est descendu aux Enfers, le tiers iour

est

*est ressuscité de mort à vie. Il est monté és Cieux,
est assis à la dextre de Dieu le Pere tout-puissant.
De là viendra iuger les vifs & les morts. Ie croy
au S. Esprit. La saincte Eglise Catholique ; La
Communion des Saincts. La remission des pechez.
La resurrection de la chair. La vie eternelle,*
Amen, I E S V S.

Ie proteste deuant la face de Dieu tout puis-
sant, & de toute la Cour celeste, que ie desire &
veux acheuer ma vie en la Foy qu'il conuient
suyure à vn fils tresobeyssant de sa saincte Mere
l'Eglise. Et à ces fins ie desire de tout mon cœur
& supplie auecque toute l'affection & humilité
qui m'est possible, qu'à l'extreme de ma vie ie
sois secouru des saincts Sacremens de l'Eglise,
c'est à sçauoir, Penitence, Eucharistie, & Extreme Onction. Ie iure & proteste que ie croy tout
ce que contient la Foy Catholique, & ne veux
receuoir autre chose que ce qui doit estre creuë
des vrays subiects de l'Eglise Catholique Apo-
stolique & Romaine. Que si par les assaults du
Diable, ou par la violence de ma maladie ie
pensoy, disoy, ou faisoy quelque chose qui re-
pugnast à ce propos, ie le desauouë dés à pre-
sent, & tesmoigne que ie ne veux aucunement
consentir à telles pensées, parolles, ou œuures.
Mon Dieu mon Sauueur ie me resiouys & vous
rends grace infinie de ce que par vostre bonté
incomparable ie me confie de rendre l'ame en

la

la Foy Catholique. Doux I E S V S, ie remets mon esprit entre voz mains sacrées, pour ceste & pour l'heure de ma mort. O glorieux Sainɛts deuant les Reliques desquels ie suis à deux genoux,& soubs la protection desquels ie me constitue ce iourd'huy, ie vous fay executeurs de ce mien Testament & derniere volonté, à fin qu'il vous plaise la faire signer de la main du treshault, pour me secourir au temps de ma necessité. *Viue* Dieu , *Viue* I E S V S & M A R I E, *Amen.*

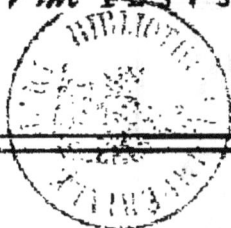

Veu & approuué par Gilles le Duc, Pasteur du Beguinaige , & Censeur des Liures , ce 16. Iulet, 1614.

www.ingramcontent.com/pod-product-compliance
Lightning Source LLC
Chambersburg PA
CBHW070811290326
41931CB00011BB/2195